JN303671

日常会話で学ぶ中国語
学習ポイント150
CD付

大阪市立大学名誉教授
大内田 三郎 著

駿河台出版社

付属のCDには、本文の会話（一）（二）の全てを、ゆっくり、普通の早さで２回収録しています。

まえがき

　本書は「聞く」「話す」ことに重点を置いた会話から入る学習書です。「話す」は日常生活の場面と密接な関係があり、学習者が様々な状況のもとで早く中国の言語生活に慣れ、中国語を聞き話す初歩的な学力を身につけていただくためにこの学習書を編みました。

　本書は最も基本的で、最も実用的な表現を25課、50場面にまとめ、中国語会話で用いられる表現形式と基本的な文法事項を学習ポイントとして150項目取り上げてあります。

　学習者が本書を利用して本文を繰り返し覚え、ポイントに十分注意を払い、中国語会話の学習に役立てていただけることを心から願っています。

　なお、本書の刊行にあたり社長の井田洋二氏に助言をいただき、また編集の浅見忠仁氏には校正の段階で多大な協力をいただいた。両氏に対して心から謝意を表します。

2004年3月

著　者

目　次

まえがき……………………………………………………………… 3

◆中国語の発音……………………………………………… 7

1. 中国語の音節 ………………………………………………… 7
2. 母　音 ………………………………………………………… 7
   2.1　単母音 ………………………………………………… 7
   2.2　複母音 ………………………………………………… 9
      2.2.1　二重母音 ………………………………………… 9
      2.2.2　三重母音 ………………………………………… 11
   2.3　鼻母音 ………………………………………………… 12
      2.3.1　「n」を伴う鼻母音 ……………………………… 12
      2.3.2　「ng」を伴う鼻母音 …………………………… 14
   2.4　巻舌母音 ……………………………………………… 15
3. 子　音 ………………………………………………………… 16
   3.1　唇　音 ………………………………………………… 16
   3.2　舌尖音 ………………………………………………… 18
   3.3　舌根音 ………………………………………………… 19
   3.4　舌面音 ………………………………………………… 20
   3.5　巻舌音 ………………………………………………… 21
   3.6　舌歯音 ………………………………………………… 22
4. 声　調 ………………………………………………………… 24

5．軽　　声	24
6．声調の変化	25
6.1　"一"の変調	25
6.2　第三声の変調	25
6.3　"不"の変調	25
中国語音節全表	26

第1課	你好！	28
第2課	你早！	34
第3課	我回家。	39
第4課	您贵姓？	44
第5課	我介绍一下。	50
第6課	这是谁的本子？	56
第7課	我是日本人。	62
第8課	去博物馆怎么走？	68
第9課	现在几点？	76
第10課	邮局在哪儿？	82
第11課	快走吧，别迟到。	88
第12課	你是在哪儿学的汉语？	96
第13課	今天几号？	103
第14課	他在银行工作。	110
第15課	我没带笔。	117
第16課	这是第一次。	125

第17課	你应该多吃点儿水果。	132
第18課	你别抽烟了。	139
第19課	我们出去玩儿玩儿吧。	147
第20課	今天天气真冷。	155
第21課	让你久等了。	164
第22課	好久不见了。	172
第23課	你的房间又干净又漂亮。	179
第24課	我要回国了。	187
第25課	真舍不得你们走。	194

索　引	201
練習問題解答例	209

中国語の発音

1．中国語の音節

　中国語は、1字1音で、1字が1つの音節である。

　中国語の音節は、声母と韻母とで構成されている。声母とは音節の始まりの子音をいい、韻母とはその後ろの残りの部分をいう。韻母には韻頭（介母音）・韻腹（主母音）・韻尾（尾音）が含まれ、韻腹は欠くことはできないが、韻頭と韻尾はない場合がある。

　中国語の音節のしくみを"天"（tiān）で図示すれば、次のようになる。

声　母	韻　母		
	韻　頭	韻　腹	韻　尾
T	i	a	n

2．母　　音

　中国語の母音は36あり、その構成によって4つに分類される。

2.1　単 母 音
　単母音は6つある。

a o e i u ü

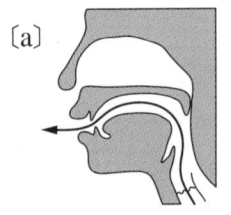

[a] 日本語の「ア」よりも口を大きく開き、十分に息を出して「アー」と発音する。

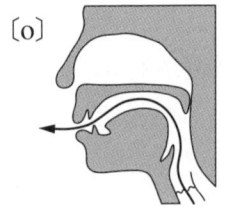

[o] 日本語の「オ」よりも唇をまるくして前に突き出し「オー」と発音する。

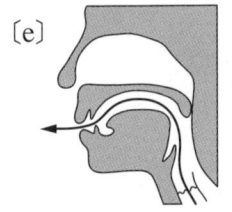

[e] 日本語の「エ」を発音するときの口で「オー」と発音する。

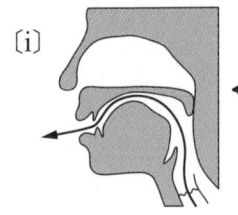

[i] 日本語の「イ」よりも唇を左右にひいて「イー」と発音する。

〔u〕

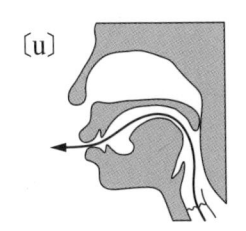

日本語の「ウ」よりも唇をまるくして前に突き出して「ウー」と発音する。

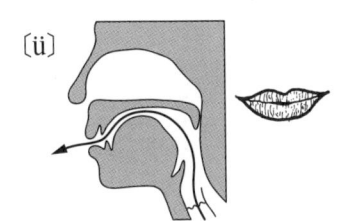

〔ü〕

日本語の「ユ」を発音するときの口で「イー」と発音する。

2.2 複母音

複母音は、二重母音と三重母音に分けられる。

2.2.1 二重母音

二重母音は9つある。

ai	ei	ao	ou	ia	ie	ua	uo	üe

〔ai〕

韻腹の「a」は強くはっきり、「i」は軽くそえて「アィ」と発音する。

〔ei〕

　韻腹の「e」は強くはっきり、「i」は軽くそえ「エィ」と発音する。

〔ao〕

　韻腹の「a」は強くはっきり、「o」は軽くそえて「アオ」と発音する。

〔ou〕

　韻腹の「o」は強くはっきり、「u」は軽くそえて「オウ」と発音する。

〔ia〕

　「i」は軽く、韻腹の「a」を強くはっきりと発音する。日本語の「ヤー」に近い。

〔ie〕

　「i」は軽く、韻腹の「e」を強くはっきりと「イエ」と発音する。

〔ua〕

　唇をまるくして「u」を軽く発音して、続いて口を大きく開けて「a」を強くはっきり発音する。日本語の「ワ」に近い。

〔uo〕

　唇をまるくして「ウ」を軽く発音し、唇をそのままにして続けて「オ」を強くはっきり発音する。日本語の「ウオ」に近い。

〔üe〕

「エ」の口で「イ」を軽く発音し、次に唇を少し開いて強くはっきり「エ」を発音する。

2.2.2 三重母音

三重母音は4つある。三重母音は、韻腹を強くはっきり発音し、他の2つは軽く発音する。

```
uai    uei    iao    iou
```

〔uai〕

唇をまるくして「ウ」を発音し、次に口を大きく開けて「ア」を強くはっきりと発音し、続いて「イ」を軽くそえる。日本語の「ウァィ」に近い。

〔uei〕

唇をまるくして「ウ」と発音し、次に口を開けて「エ」を強くはっきりと発音し、続けて唇を左右にひいて「イ」と軽く発音する。日本語の「ウェィ」に近い。

〔iao〕

唇を左右にひいて「イ」と発音し、続いて口を大きく開けてはっきりと「ア」と発音する。最後に唇をまるくして「オ」を発音する。日本語の「ヤオ」に近い。

〔iou〕
　唇を左右にひいて「イ」を発音し、次に唇をまるくして「オ」を強くはっきり発音し、最後に唇を突き出して「ウ」を発音する。日本語の「イオウ」に近い。

2.3　鼻 母 音
　鼻母音は、単母音や二重母音の後に前鼻音「n」か奥鼻音の「ng」を伴う。

2.3.1　「n」を伴う鼻母音

```
an   en   ian   in   uan   uen   üan   ün
```

〔an〕
　「ア」を発音して、次に舌の先を上の歯ぐきにつけて「ン」と発音する。日本語の「案内」の「アン」に近い。

〔en〕
　先ず日本語の「エ」を発音し、次に舌の先を上の歯ぐきにつけて「ン」と発音する。日本語の「エン」に近い。

〔ian〕
　先ず唇を左右にひいて「イ」と発音し、次に「エ」を発音する。最後に舌の先を上の歯ぐきにつけて「ン」と発音する。韻腹の「a」は「i」と「n」の間にはさまれて、「a」の口が小さくなるため

「エ」に近く発音される。日本語の「イエン」に近い。

〔in〕
　唇を左右にひいて「イ」を発音し、次に舌の先を上の歯ぐきにつけて「ン」を発音する。日本語の「イン」に近い。

〔uan〕
　口をまるくして「ウ」と発音してから、次に口を大きく開けて「ア」と発音する。最後に、舌の先を上の歯ぐきにつけて「ン」と発音する。日本語の「ウァン」に近い。

〔uen〕
　口をまるくして「ウ」を発音してから「エン」を続けて発音する。「ン」は舌の先を上の歯ぐきにつけて発音する。日本語の「ウェン」に近い。

〔üan〕
　先ず「エ」の口で「イ」と発音し、次に「アン」を続けて発音する。「ン」は舌の先を上の歯ぐきにつけて発音する。日本語の「ユアン」に近い。

〔ün〕
　先ず「ユ」の口で「イ」と発音し、続いて舌の先を上の歯ぐきにつけて「ン」と発音する。日本語の「ユン」に近い。

2.3.2 「ng」を伴う鼻母音

> ang　eng　ong　iang　ing　uang　ueng　iong

〔ang〕
　先ず口を大きく開けて「ア」を発音し、続いて「ng」を「ン」と発音して、息を鼻から出す。日本語の「案外」の「アン」に近い。

〔eng〕
　先ず「エ」の口で「オ」を発音し、続いて口を大きく開けて「ン」と発音して、息を鼻から出す。日本語の「オン」に近い。

〔ong〕
　先ず口をまるくして「オ」を発音し、続いて口を開けたままで「ン」を発音する。息は鼻から出し、少し長めに発音する。日本語の「オン」に近い。

〔iang〕
　先ず唇を左右にひいて「イ」を発音し、すぐに口を大きく開けて「ア」を発音する。最後に口を大きく開けたまま「ン」を発音して、息を鼻から出す。日本語の「イアン」に近い。

〔ing〕
　先ず唇を左右にひいて「イ」を発音し、次に口を開けて「ン」

を発音して、息を鼻から出す。日本語の「イン」に近い。

〔uang〕

　先ず唇をまるくして「ウ」を発音し、続いて口を大きく開けて「アン」を発音して、息を鼻から出す。日本語の「ウアン」に近い。

〔ueng〕

　先ず唇をまるくして突き出し「ウ」と発音し、次に「エ」の口で「オ」を発音する。続いて口を大きく開けて「ン」と発音し、息を鼻から出す。日本語の「ウオン」に近い。

〔iong〕

　先ず唇を左右にひいて「イ」と発音し、次に唇をまるくして「オ」を発音する。最後に口を開けたまま「ン」を発音して、息を鼻から出す。日本語の「ユオン」に近い。

2.4　巻舌母音

〔er〕

　「ア」と「エ」の中間のような音「e」を発音しながら、舌の先を上にそらせて「ル」をそえる。日本語の「アール」に近い。

3. 子　音

子音は 21 あるが、発音する部位によって 6 種類に分けられる。

	無気音	有気音		
唇　音	b (o)	p (o)	m (o)	f (o)
舌尖音	d (e)	t (e)	n (e)	l (e)
舌根音	g (e)	k (e)	h (e)	
舌面音	j (i)	q (i)	x (i)	
巻舌音	zh (i)	ch (i)	sh (i)	r (i)
舌歯音	z (i)	c (i)	s (i)	

　子音は、無気音と有気音に分けられる。無気音は息をおさえておだやかに発音し、有気音は口のなかにためた息をいっきに強く出して発音する。
　子音だけでは発音はできないので、（　）の中のような母音をつけて発音する。

3.1　唇　音
〔b (o)〕
　唇を軽く閉じて、口にいっぱい息をためて、息を弱く出しながら「ポー」と発音する。

〔p (o)〕
　唇を軽く閉じて、口にいっぱい息をためて、息を強く出しながら「ポー」と発音する。

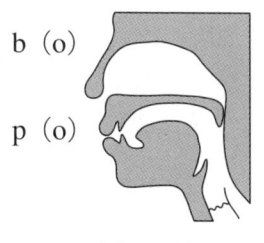

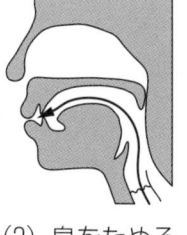

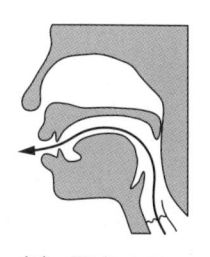

b (o)

p (o)

　　(1) 準備する　　(2) 息をためる　　(3) 発声する

〔m (o)〕
　唇を閉じて、息が鼻からぬけるようにして「モー」と発音する。

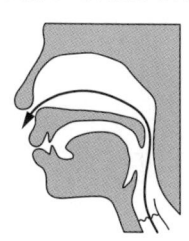

〔f (o)〕
　上の前歯を軽く下唇につけて「フォー」と発音する。

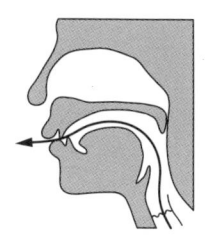

3.2 舌尖音

〔d (e)〕

舌の先を上の歯ぐきにつけ、息をためてから弱く出しながら「トー」と発音する。

〔t (e)〕

舌の先を上の歯ぐきにつけ、息をためてから強く出しながら「トー」と発音する。

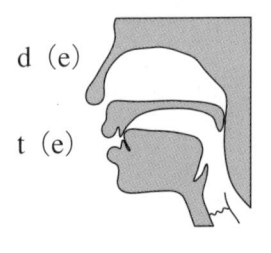

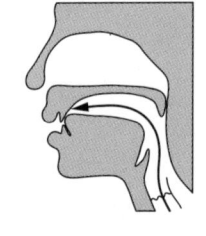

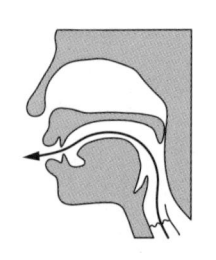

d (e)

t (e)

(1) 準備する　(2) 息をためる　(3) 発声する

〔n (e)〕

舌の先を上の歯ぐきにつけ、息を鼻から出すように発音する。日本語の「ナ行」の音に似ている。

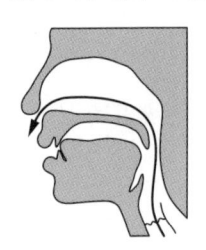

〔l (e)〕

　舌の先を上の歯ぐきにつけ、息を舌の両側から出すようにして「ロー」を発音する。

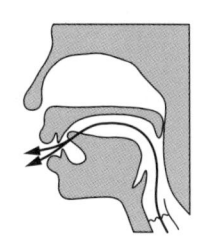

3.3　舌根音

〔g (e)〕

　舌の後部をうわあごにつけ、息を弱く出しながら「コー」と発音する。日本語の「カ行」の音に似ている。

〔k (e)〕

　舌の後部をうわあごにつけ、息を強く出しながら「コー」と発音する。日本語の「カ行」の音に似ている。

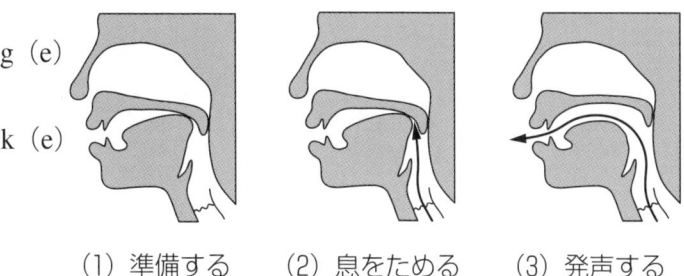

g (e)

k (e)

(1) 準備する　　(2) 息をためる　　(3) 発声する

〔h (e)〕

舌の後部をうわあごに近づけ、喉の奥から摩擦させながら息を出して「ホー」と発音する。日本語の「ハ行」の音に似ている。

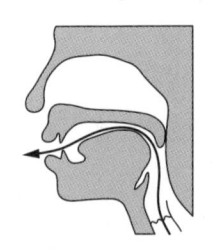

3.4 舌面音

〔j (i)〕

舌面の前の方をうわあごにつけ、息を弱く出しながら「チー」と発音する。

〔q (i)〕

舌面の前の方をうわあごにつけ、息を強く出しながら「チー」と発音する。

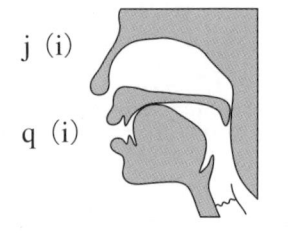

j (i)

q (i)

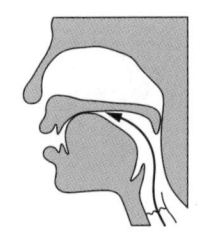

(1) 準備する　　(2) 息をためる　　(3) 発声する

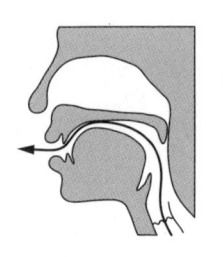

〔x(i)〕

舌面の前の方をうわあごに近づけ、その間を摩擦させながら息を出し「シー」と発音する。

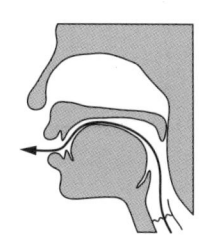

3.5 巻舌音

〔zh(i)〕

舌の先を上にそらしてうわあごにつけ、息を弱く出しながら「チー」と発音する。

〔ch(i)〕

舌の先を上にそらしてうわあごにつけ、息を強く出しながら「チー」と発音する。

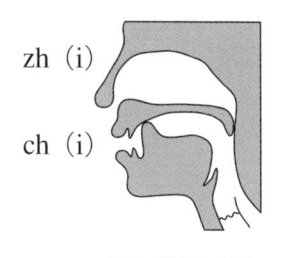

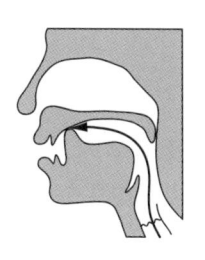

zh(i)

ch(i)

(1) 準備する　　(2) 息をためる　　(3) 発声する

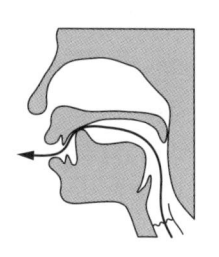

〔sh（i）〕
　舌の先を上にそらして、うわあごに近づけ、舌の先とうわあごの間から息を出しながら「シー」と発音する。

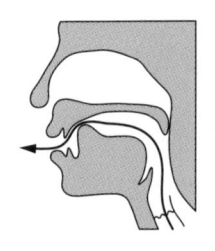

〔r（i）〕
　舌の先を上にそらせ、うわあごに近づけ、口の奥の方で「リー」と発音する。

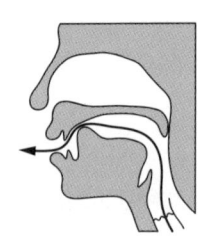

3.6　舌歯音

〔z（i）〕
　舌の先を上の歯のうらにつけ、舌の先と歯との間から息を弱く出しながら「ツー」と発音する。

〔c (i)〕
　舌の先を上の歯のうらにつけ、舌の先と歯との間から息を強く出しながら「ツー」と発音する。

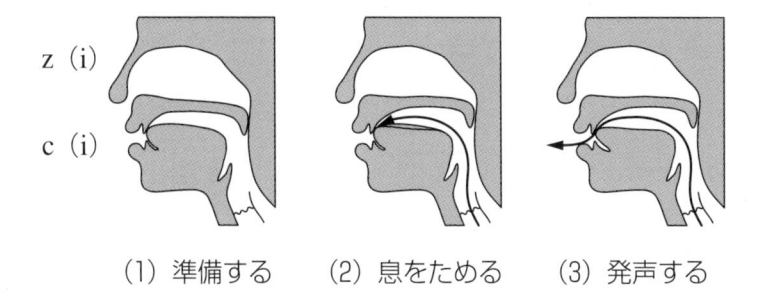

z (i)

c (i)

　　(1) 準備する　　(2) 息をためる　　(3) 発声する

〔s (i)〕
　舌の先を上の歯のうらに近づけ、舌の先と歯の間から息を出して「スー」と発音する。

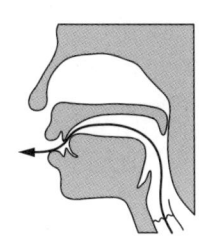

🔊14 4. 声　　調

中国語には、どの音節にも一定の抑揚があり、これを声調という。声調には4種類あり、これを四声という。声調の抑揚を図示すると次のようになる。

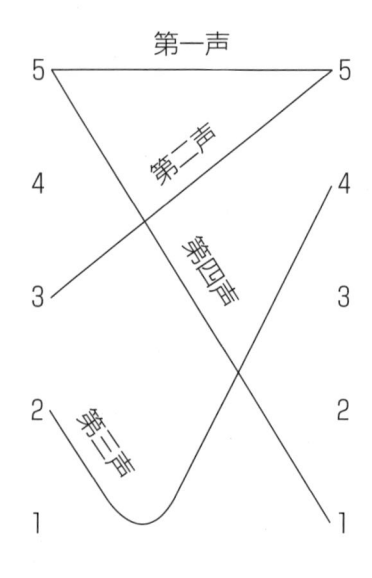

第一声（－）高くて平
mā（妈）母
第二声（ˊ）中ぐらいから急に上昇する
má（麻）麻
第三声（ˇ）いったん下降し、しだいに上昇する
mǎ（马）馬
第四声（ˋ）高いところから急に下降する
mà（骂）叱る．ののしる

🔊15 5. 軽　　声

本来の声調を失って軽く弱く発音される音を軽声という。声調符合はつけない。

学生　xuésheng　　椅子　yǐzi　　地方　dìfang（場所）

6．声調の変化

6．1 "一"の変調

数詞"一"は、本来第一声だが、"一"の後に第四声がくれば、"一"は第二声に変わる。

　　一路　yīlù　→　yílù（途中）

また"一"の後に第一声・第二声・第三声がくると"一"は第四声に変わる。

　　一心　yīxīn　→　yìxīn（一途に）
　　一同　yītóng　→　yìtóng（いっしょに）
　　一起　yīqǐ　→　yìqǐ（いっしょに）

6．2　第三声の変調

第三声が2つ連続すると、前の第三声は第二声に変わる。

　　很好　hěnhǎo　→　hénhǎo（とてもよい）

6．3　"不"の変調

"不"は単独では第四声だが、後に第四声が続くと第二声に変わる。

　　不要　bùyào　→　búyào（…してはいけない）

※CDには変化後の音を収録。

中 国 語 音 節 全 表

声母\韵母		1															
		a	o	e	-i	er	ai	ei	ao	ou	an	en	ang	eng	ong	i	ia
唇音	b	ba	bo				bai	bei	bao		ban	ben	bang	beng		bi	bia
	p	pa	po				pai	pei	pao	pou	pan	pen	pang	peng		pi	pia
	m	ma	mo	me			mai	mei	mao	mou	man	men	mang	meng		mi	mia
	f	fa	fo					fei		fou	fan	fen	fang	feng			
舌尖音	d	da		de			dai	dei	dao	dou	dan		dang	deng	dong	di	dia
	t	ta		te			tai		tao	tou	tan		tang	teng	tong	ti	tia
	n	na		ne			nai	nei	nao	nou	nan	nen	nang	neng	nong	ni	nia
	l	la		le			lai	lei	lao	lou	lan		lang	leng	long	li	lia
舌根音	g	ga		ge			gai	gei	gao	gou	gan	gen	gang	geng	gong		
	k	ka		ke			kai		kao	kou	kan	ken	kang	keng	kong		
	h	ha		he			hai	hei	hao	hou	han	hen	hang	heng	hong		
舌面音	j															ji	jia
	q															qi	qia
	x															xi	xia
卷舌音	zh	zha		zhe	zhi		zhai	zhei	zhao	zhou	zhan	zhen	zhang	zheng	zhong		
	ch	cha		che	chi		chai		chao	chou	chan	chen	chang	cheng	chong		
	sh	sha		she	shi		shai	shei	shao	shou	shan	shen	shang	sheng			
	r			re	ri				rao	rou	ran	ren	rang	reng	rong		
舌歯音	z	za		ze	zi		zai	zei	zao	zou	zan	zen	zang	zeng	zong		
	c	ca		ce	ci		cai		cao	cou	can	cen	cang	ceng	cong		
	s	sa		se	si		sai		sao	sou	san	sen	sang	seng	song		
		a	o	e		er	ai	ei	ao	ou	an	en	ang			yi	ya

	2						3									4			
e	iou	ian	in	iang	ing	iong	u	ua	uo	uai	uei	uan	uen	uang	ueng	ü	üe	üan	ün
ie		bian	bin		bing		bu												
ie		pian	pin		ping		pu												
ie	miu	mian	min		ming		mu												
							fu												
ie	diu	dian			ding		du		duo		dui	duan	dun						
ie		tian			ting		tu		tuo		tui	tuan	tun						
ie	niu	nian	nin	niang	ning		nu		nuo			nuan				nü	nüe		
ie	liu	lian	lin	liang	ling		lu		luo			luan	lun			lü	lüe		
							gu	gua	guo	guai	gui	guan	gun	guang					
							ku	kua	kuo	kuai	kui	kuan	kun	kuang					
							hu	hua	huo	huai	hui	huan	hun	huang					
ie	jiu	jian	jin	jiang	jing	jiong										ju	jue	juan	jun
ie	qiu	qian	qin	qiang	qing	qiong										qu	que	quan	qun
ie	xiu	xian	xin	xiang	xing	xiong										xu	xue	xuan	xun
							zhu	zhua	zhuo	zhuai	zhui	zhuan	zhun	zhuang					
							chu		chuo	chuai	chui	chuan	chun	chuang					
							shu	shua	shuo	shuai	shui	shuan	shun	shuang					
							ru		ruo		rui	ruan	run						
							zu		zuo		zui	zuan	zun						
							cu		cuo		cui	cuan	cun						
							su		suo		sui	suan	sun						
e	you	yan	yin	yang	ying	yong	wu	wa	wo	wai	wei	wan	wen	wang	weng	yu	yue	yuan	yun

第1課 Dì yī kè 你好! Nǐ hǎo!

(一)

A：你 好！
　　Nǐ hǎo!
　　(こんにちは。)

B：你 好。
　　Nǐ hǎo.
　　(こんにちは。)

A：欢迎 你。
　　Huānyíng nǐ.
　　(ようこそいらっしゃいました。)

B：谢谢。
　　Xièxie.
　　(ありがとうございます。)

(二)

A：山本，你 好 吗？
　　Shānběn, nǐ hǎo ma?
　（山本さん、お元気ですか。）

B：我 很 好。
　　Wǒ hěn hǎo.
　（とても元気です。）

A：欢迎 你！
　　Huānyíng nǐ!
　（ようこそいらっしゃいました。）

B：谢谢。你 爸爸、妈妈 好 吗？
　　Xièxie. Nǐ bàba, māma hǎo ma?
　（ありがとうございます。ご両親はお元気ですか。）

A：他们 都 很 好。谢谢。
　　Tāmen dōu hěn hǎo. Xièxie.
　（二人とも元気です。ありがとうございます。）

ポイント

1．人称代詞

	一人称	二人称	三人称
単数	**我**（私） wǒ	**你**（あなた） nǐ **您**（あなた） nín	**他**（彼） tā **她**（彼女） tā
複数	**我们**（私たち） wǒmen **咱们**（私たち） zánmen	**你们** nǐmen （あなたたち）	**他们**（彼ら） tāmen **她们**（彼女たち） tāmen

2．你好

"**你好**"は日常生活でよく使う挨拶用語で朝・昼・晩いつでも使える。答える方も"**你好**"という。また"**您好**"ともいうが、"**您**"は二人称の敬称である。

3．欢迎你

"**欢迎你**"は訪問者を迎えるときに使う挨拶用語で、「よくいらっしゃいました」の意味。人称代詞"**你**"は二人称で、動詞"**欢迎**"の目的である。また"**欢迎，欢迎**"ともいう。

4．谢谢

"**谢谢**"は感謝の気持を相手に伝える常用語で「ありがとう」という意味である。"**谢**"の字を2回くり返す。

5．你好吗?

"**你好吗**"は常用語で知り合いの人に対して健康状態を尋ねる。相手はその返事として"**我很好**"という。

6．吗

"**吗**"は疑問を表す語気助詞で、平叙文の文末に付けると疑問文となる。"**吗**"を用いた疑問文は平叙文と語順は同じである。

7．中国語の語順

中国語の基本的な語順は「**主語＋述語＋目的語**」である。述語が形容詞であれば目的語は伴わない。

練習問題

1．単語を入れ替えて、日本語に訳しなさい。

你好吗？　　欢迎你！

他
她
你们
他们

他
她
他们

2．次の日本文を中国語で言いなさい。

1．こんにちは。

2．ようこそいらっしゃいました。

3．ありがとうございます。

4．お元気ですか。

5．私はとても元気です。

語 釈

你	[代] nǐ	君、あなた
好	[形] hǎo	よい、素晴らしい
欢迎	[動] huānyíng	歓迎する、喜んで迎える
谢谢	xièxie	ありがとう
我	[代] wǒ	私、ぼく
很	[副] hěn	とても、非常に、大変
爸爸	[名] bàba	お父さん、父親
妈妈	[名] māma	お母さん、母親
他们	[代] tāmen	彼ら
都	[副] dōu	みんな、すべて

第2課 你早!
Dì èr kè Nǐ zǎo!

(一)

A：张 老师, 您 早!
Zhāng lǎoshī, nín zǎo!
(張先生、おはようございます。)

B：你 早。
Nǐ zǎo.
(おはよう。)

A：您 忙 吗?
Nín máng ma?
(お忙しいですか。)

B：我 很 忙。你 忙 吗?
Wǒ hěn máng. Nǐ máng ma?
(とても忙しいです。君は忙しいですか。)

A：我 不 忙。
Wǒ bù máng.
(私は忙しくありません。)

(二)

A：早上 好!
Zǎoshang hǎo!
(おはようございます。)

B：你 早。
Nǐ zǎo.
(おはようございます。)

A：你 去 哪儿?
Nǐ qù nǎr?
(どちらへ行かれるのですか。)

B：我 去 公司。你 去 哪儿?
Wǒ qù gōngsī. Nǐ qù nǎr?
(会社へ行きます。あなたはどちらへ行かれるのですか。)

A：我 去 学校。
Wǒ qù xuéxiào.
(私は学校へ行きます。)

ポイント

1. 你早

"**你早**"は早朝に会った時の挨拶用語で「おはようございます」という意味で、8時以降はあまり使わない。

2. 形容詞述語文

形容詞が述語になった文を形容詞述語文という。形容詞は直接、述語になるが、形容詞の前に程度を表す副詞"**很**"を用いるのが普通である。しかし、実際は"**很**"の表す程度の意味はそれほど強くはない。

 1．我**很**好。　（私は元気です。）
 2．她**很**忙。　（彼女は忙しい。）

形容詞述語文の否定形は、形容詞の前に否定副詞"**不**"を用いて"**不好**""**不忙**"などのようにいう。

3. 動詞述語文

動詞が述語になった文を動詞述語文という。目的語を伴う場合は、動詞の後に置いて「**主語＋述語＋目的語**」の語順になる。

 1．我去学校。　（私は学校へ行く。）
 2．他做工作。　（彼は仕事をする。）

練習問題

1．単語を入れ替えて、日本語に訳しなさい。

<u>你很忙。</u>

| 我们 |
| 他们 |
| 我爸爸 |
| 他妈妈 |

<u>我去学校。</u>

| 公司 |
| 北京 |
| 上海 |
| 香港 |

2．次の日本文を中国語で言いなさい。

1．おはようございます。

2．あなたは忙しいですか。

3．私はとても忙しい。

4．あなたはどこに行きますか。

5．私は学校に行きます。

語 釈

老师	[名] lǎoshī	先生
您	[代] nín	あなた
早	[形] zǎo	時間が早い
忙	[形] máng	忙しい
早上	[名] zǎoshang	朝
去	[動] qù	行く
哪儿	[代] nǎr	どこ
公司	[名] gōngsī	会社

第3課 Dì sān kè 我回家。
Wǒ huíjiā.

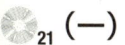

(一)

A：你 去 哪儿？
　　Nǐ qù nǎr?
　（どちらへ行かれるのですか。）

B：我 去 商店，你 呢？
　　Wǒ qù shāngdiàn, nǐ ne?
　（商店へ行きます。あなたは。）

A：我 不 去 商店，我 回家。
　　Wǒ bú qù shāngdiàn, wǒ huíjiā.
　（私は商店へ行きません。帰ります。）

B：再见。
　　Zàijiàn.
　（さようなら。）

A：再见。
　　Zàijiàn.
　（さようなら。）

(二)

A：李 红，你 去 哪儿？
　　Lǐ Hóng, nǐ qù nǎr?
　（李紅さん、どちらへ行かれるのですか。）

B：我 去 学校，你 呢？
　　Wǒ qù xuéxiào, nǐ ne?
　（学校へ行きます。あなたは。）

A：我 去 办公室。山本，你 呢？
　　Wǒ qù bàngōngshì. Shānběn, nǐ ne?
　（事務室へ行きます。山本さん、あなたは。）

C：我 去 朋友 家。再见！
　　Wǒ qù péngyou jiā. Zàijiàn!
　（私は友人の家へ行きます。さようなら。）

B：明天 见！
　　Míngtiān jiàn!
　（明日会いましょう。）

A：明天 见！
　　Míngtiān jiàn!
　（明日会いましょう。）

ポイント

1．你呢?

"**你呢**"は述語が省略された疑問文で、文末の"**呢**"は「…はどうですか」という答えを催促する気分を表すが、尋ねる具体的な内容は文の前後関係によって決まる。

1．我去商店，**你呢**？
（私は商店に行きますが、あなたはどうしますか。）
2．我很忙，**你呢**？　（私は忙しいが、あなたはどうですか。）

2．動詞述語文の否定形

動詞の否定形は否定副詞"**不**"を動詞の前に用いてある動作をする意志のないことを表す。

1．我**不**去商店。　（私は商店には行かない。）
2．他**不**吃饭。　　（彼は食事をしない。）

3．再见

"**再见**"は別れ際に用いる挨拶用語で、「さようなら」「また会いましょう」などの意味である。

4．明天见

"**明天见**"は「明日また会いましょう」という意味で、"**明天**"は次に会う時を表す言葉で"**见**"は独立して「会う」という意味を持つ。

練習問題

1．単語を入れ替えて、日本語に訳しなさい。

<u>我去商店</u>，你呢？　　我去<u>朋友</u>家。

| 我回家 |
| 我去学校 |
| 我去办公室 |

| 李红 |
| 山本 |
| 哥哥 |

2．次の日本文を中国語で言いなさい。

1．さようなら。

2．私は家に帰ります。

3．私は商店に行きます。

4．明日また会いましょう。

5．私は友達の家に行きます。

語　釈

商店　[名] shāngdiàn　店、商店
回家　[動] huíjiā　　帰宅する
再见　[動] zàijiàn　　さようなら
办公室　[名] bàngōngshì　事務室

朋友　[名] péngyou　　友達
明天　[名] míngtiān　　明日
见　　[名] jiàn　　　　会う

第4課 您贵姓?
Dì sì kè　Nín guì xìng ?

(一)

A：您 贵 姓?
　　Nín guì xìng ?
　　(あなたのお名前はなんとおっしゃいますか。)

B：我 姓 周, 我 叫 周 志公。你 呢?
　　Wǒ xìng zhōu, wǒ jiào Zhōu Zhìgōng. Nǐ ne ?
　　(姓は周で、周志公といいます。あなたは。)

A：我 姓 山本, 叫 山本 好子。
　　Wǒ xìng Shānběn, jiào Shānběn Hǎozǐ.
　　(姓は山本で、山本好子といいます。)

B：认识 你, 很 高兴。
　　Rènshi nǐ, hěn gāoxìng.
　　(知り合いになれてとても嬉しいです。)

A：认识 你, 我 也 很 高兴。
　　Rènshi nǐ, wǒ yě hěn gāoxìng.
　　(私も知り合いになれて嬉しいです。)

(二)

A：安娜，你好。
Ānnà, nǐ hǎo.
(アンナさん、こんにちは。)

B：你好。
Nǐ hǎo.
(こんにちは。)

A：他是我朋友。他姓王，叫王京。
Tā shì wǒ péngyou. Tā xìng Wáng, jiào Wáng Jīng.
(彼は私の友達です。名字は王で、王京といいます。)

C：你是美国人吗？
Nǐ shì Měiguórén ma?
(あなたはアメリカ人ですか。)

B：是，我是美国人。
Shì, wǒ shì Měiguórén.
(そうです。アメリカ人です。)

ポイント

1. **您贵姓?**

中国人の名前は姓と名に分けられる。前が姓で後は名である。初対面の時に相手の姓をていねいに尋ねる場合は"**您贵姓?**"という。答える方は姓だけを言う。また"**你姓什么?**"とも言う。第三者の姓を尋ねる場合は"**他姓什么?**"と言う。

2. **我叫周志公。**

姓と名を含んだフルネームを尋ねる時は動詞"**叫**"を使って"**你叫什么名字?**"と尋ねるのが普通で、答える方は"**我叫周志公。**"と言う。"**叫**"は姓は含まず名だけを言う場合にも使う。

3. **也**

"**也**"は副詞で、状況が同じであることを表し「…も…だ」という意味を表す。"**我也很高兴。**"は「私も嬉しい」という意味である。

4. **是**

"**是**"は判断動詞で、主語と目的語をつなぎ、主語の指している人や物が何であるかを説明する。

　　1. 他**是**我朋友。　（彼は私の友達です。）
　　2. 我**是**学生。　　（私は学生です。）

5．是

　"…**是**…**吗?**"の文型で質問されれば、肯定の返事に"**是**"を文頭に用いる。この場合、"**是**"は「はい、そうです」という意味になる。

練習問題

1．単語を入れ替えて、日本語に訳しなさい。

我姓山本，叫山本好子。　　我是美国人。

周	周志公
王	王京

日本
中国
英国
法国

2．次の日本文を中国語で言いなさい。

1．彼は私の友達です。

2．私はアメリカ人です。

3．私は周志公と申します。

4．お名前はなんとおっしゃいますか。

5．あなたと知り合いになれてとても嬉しい。

語　釈

贵	[接頭] guì	相手を敬って冠する敬語
姓	[名] xìng	姓、名字
叫	[動] jiào	（名前は）…という
认识	[動] rènshi	知っている、見て覚えている
高兴	[形] gāoxìng	うれしい、愉快になる
也	[副] yě	…も…だ
是	[動] shì	…である
美国人	[名] Měiguórén	アメリカ人
姐姐	[名] jiějie	姉さん
弟弟	[名] dìdi	弟
妹妹	[名] mèimei	妹
法国	[名] Fǎguó	フランス

第5課 Dì wǔ kè 我介绍一下。
Wǒ jièshào yíxià.

(一)

A：宋 老师，您 好！
　　Sòng lǎoshī, nín hǎo!
　　（宋先生、こんにちは。）

B：你 好。
　　Nǐ hǎo.
　　（こんにちは。）

A：我 介绍 一下，她 是 我 朋友。
　　Wǒ jièshào yíxià, tā shì wǒ péngyou.
　　（紹介しましょう。彼女は私の友達です。）

B：她 叫 什么？
　　Tā jiào shénme?
　　（お名前は何といいますか。）

A：她 叫 安娜。安娜，她 是 宋 老师。
　　Tā jiào Ānnà. Ānnà, tā shì Sòng lǎoshī.
　　（彼女はアンナといいます。アンナさん、彼女は宋先生です。）

C：宋 老师 好！
　　Sòng lǎoshī hǎo!
　　（宋先生、よろしく。）

B：你 好。
　　Nǐ hǎo.
　　（こちらこそ。）

(二)

A：我 介绍 一下，他 是 我 朋友，姓 张，叫
　　Wǒ jièshào yíxià, tā shì wǒ péngyou, xìng Zhāng, jiào

　　张 明。
　　Zhāng Míng.

　　（紹介しましょう。彼は私の友達で、名字は張で、張明といいます。）

B：张 先生，你 好。
　　Zhāng xiānsheng, nǐ hǎo.

　　（張さん、よろしく。）

C：你 好。
　　Nǐ hǎo.

　　（こちらこそ。）

A：这 位 是 安娜 小姐。
　　Zhè wèi shì Ānnà xiǎojiě.

　　（こちらはアンナさんです。）

C：你 是 老师 吗？
　　Nǐ shì lǎoshī ma?

　　（あなたは先生ですか。）

B：我 不 是 老师，我 是 留学生。你 做 什么
　　Wǒ bú shì lǎoshī, wǒ shì liúxuéshēng. Nǐ zuò shénme

　　工作？
　　gōngzuò?

　　（先生ではありません。留学生です。あなたはどんな仕事をされているのですか。）

C：我 是 大夫。
　　Wǒ　shì　dàifu.
　　（私は医者です。）

ポイント

1．一下
　"**下**"は量詞で動作の回数を表す。"**一下**"は動詞の後について動作の時間が短く、試しにちょっとやってみることを表す。
　　1．看**一下**。　（ちょっと見る。）
　　2．问**一下**。　（ちょっとお尋ねします。）

2．定語（連体修飾語）
　文の中で名詞を修飾・限定する成分を定語という。定語は名詞の前に用いられて"**我朋友**"の語順となる。定語と名詞の間に構造助詞"**的**"を入れて"**我的朋友**"とも言うことができる。

3．特定疑問文
　文の中に疑問代詞を用いて尋ねる疑問文を特定疑問文という。この疑問文は平叙文と語順は同じで、平叙文の中の尋ねたい部分に疑問代詞を置いて尋ねる。"**她叫什么？**"は「彼女は何という名前ですか」という意味である。答える名前は"**什么**"の位置に置く。

1．这是**什么**？　（これは何ですか。）
2．你做**什么**？　（あなたは何をしていますか。)

4．位

"**位**"は量詞で敬意をもって人を数える場合に用いる。普通、人を数える量詞は"**个**"である。

1．这**位**是山本先生。　（この方は山本さんです。）
2．那**位**是王红小姐。　（あの方は王紅さんです。）

5．**什么工作**

疑問代詞が定語として「**什么**＋名詞」の形で用いられると、まだわからない物や人について尋ねる。"**什么**"は「どんな」「何の」などの意味を表し"**什么工作**"は「どんな仕事」という意味である。

練習問題

1．単語を入れ替えて、日本語に訳しなさい。

这位是安娜小姐。

| 宋老师 |
| 山本同学 |
| 王京先生 |
| 李红小姐 |

我不是老师，我是留学生。

学生	老师
老师	大夫
留学生	老师
日本人	中国人

2．次の日本文を中国語で言いなさい。

1．紹介いたします。

2．私は留学生です。

3．彼女は宋先生です。

4．こちらはアンナさんです。

5．あなたはどんな仕事をしているのですか。

語　釈

介绍	[動] jièshào	紹介する
一下	yíxià	ちょっと
她	[代] tā	彼女
位	[量] wèi	敬意をもって人を数える
做	[動] zuò	（仕事などを）する
什么	[代] shénme	なに、どんなもの
工作	[名] gōngzuò	仕事
大夫	[名] dàifu	医者
小姐	[名] xiǎojiě	（未婚の女性）…さん

第6課 这是谁的本子？
Dì liù kè　Zhè shì shuí de běn zi ?

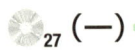

(一)

A：这是谁的本子？
　　Zhè shì shuí de běn zi ?
　　（これは誰のノートですか。）

B：是我的。
　　Shì wǒ de.
　　（私のです。）

A：那是不是你的铅笔？
　　Nà shì bu shì nǐ de qiānbǐ ?
　　（あれはあなたの鉛筆ですか。）

B：不是，是他的。
　　Bú shì, shì tā de.
　　（いいえ、彼のです。）

A：你的铅笔呢？
　　Nǐ de qiānbǐ ne ?
　　（あなたの鉛筆は。）

B：我的铅笔在房间里。
　　Wǒ de qiānbǐ zài fángjiān li.
　　（私の鉛筆は部屋にあります。）

(二)

A：你 有 词典 吗？
Nǐ yǒu cídiǎn ma?
（あなたは辞書をもっていますか。）

B：哪 种 词典？
Nǎ zhǒng cídiǎn?
（どんな辞書ですか。）

A：《汉 日 词典》。
«Hàn - Rì cídiǎn».
（中日辞典です。）

B：有。
Yǒu.
（もっています。）

A：借 我 用 一下，可以 吗？
Jiè wǒ yòng yíxià, kěyǐ ma?
（私に貸してくれませんか。）

B：可以。
Kěyǐ.
（いいですよ。）

A：谢谢，再见！
Xièxie, zàijiàn!
（ありがとう。さようなら。）

B：再见！
Zàijiàn!
（さようなら。）

ポイント

1. 定語と"的"

代詞や名詞が別の名詞の前に用いられて定語となり、所有関係を表す場合は構造助詞"**的**"が必要となる。

1. 谁**的**书。　　　（誰の本）
2. 我**的**信。　　　（私の手紙）
3. 北京**的**春天。　（北京の春）

2. 的字連語"我的"

的字連語は名詞・代詞・動詞・形容詞などの後に構造助詞"**的**"を付けてできた連語である。的字連語は文の中で名詞に相当する。

1. 这是**我的**。　　　　（これは私のです。）
2. 这本书是**图书馆的**。　（この本は図書館のです。）

3. 反復疑問文

「**是＋不是**」のように肯定と否定を並列し、そのうち一つを任意に選ばせる疑問文を反復疑問文という。

1. 这**是不是**你的本子？
   （これはあなたのノートですか。）
2. 你**是不是**学生？　（あなたは学生ですか。）

4. 動詞"在"

"**在**"が動詞として用いられると、目的語は場所語である。ある物や人がある場所に存在していることを表し「…にある」

「…にいる」という意味になる。
　　1．他**在**家。　　　　（彼は家にいる。）
　　2．书**在**桌子上。　（本は机の上にある。）

5．動詞"**有**"
　"**有**"はある物を所有していることを示す動詞で「持っている」「所有する」などの意味を表す。
　　1．我**有**自行车。　（私は自転車を持っている。）
　　2．他**有**一本书。　（彼は本を1冊持っている。）

6．追加疑問文"**可以吗？**"
　追加疑問文は、平叙文の文末に"**可以吗？**"を用いて、話し手が自分の考え、提案に同意してもらえるかどうかを聞き手に尋ねる。

7．省略文
　文脈や話の前後関係によって、意味が十分に理解されるような場合、一部の成分を省略することがある。とくに対話や問いに答えるときなどはよくこの省略文が用いられる。"**《汉日词典》**"は"**你有汉日词典吗？**"の意味である。

練習問題

1. 単語を入れ替えて、日本語に訳しなさい。

这是谁的本子？　　我的铅笔在房间里。

铅笔
词典
书
课本

家里
教室里
桌子上
书包里

2. 次の日本文を中国語で言いなさい。

1．これは誰の鉛筆ですか。

2．あれはあなたのノートですか。

3．いいえ、彼のものです。

4．私に貸してくれませんか。

5．私の鉛筆は部屋にあります。

語　釈

語	品詞	ピンイン	意味
这	[代]	zhè	これ
谁	[代]	shuí	誰
本子	[名]	běnzi	ノート
那	[代]	nà	あれ、それ
铅笔	[名]	qiānbǐ	鉛筆
在	[動]	zài	ある、いる
房间	[名]	fángjiān	部屋
词典	[名]	cídiǎn	辞書
哪	[代]	nǎ	どの、どちら（の）
种	[量]	zhǒng	種類を数える量詞
汉日词典	[名]	Hàn-Rì cídiǎn	中日辞典
有	[動]	yǒu	持っている
借	[動]	jiè	借りる
用	[動]	yòng	用いる、使う
可以	[能]	kěyǐ	…してもよい
书	[名]	shū	本
课本	[名]	kèběn	テキスト
桌子	[名]	zhuōzi	机、テーブル
书包	[名]	shūbāo	（学生の）かばん

第7課 Dì qī kè 我是日本人。
Wǒ shì Rìběnrén.

(一)

A：您 是 哪个 国家 的 人？
Nín shì nǎge guójiā de rén?
（あなたはどちらの国の方ですか。）

B：我 是 日本人。
Wǒ shì Rìběnrén.
（私は日本人です。）

A：您 从 哪儿 来？
Nín cóng nǎr lái?
（どちらから来られたのですか。）

B：我 从 东京 来。
Wǒ cóng Dōngjīng lái.
（私は東京から来ました。）

A：这 位 先生 也 是 日本人 吗？
Zhè wèi xiānsheng yě shì Rìběnrén ma?
（この方も日本人ですか。）

B：对。
Duì.
（そうです。）

(二)

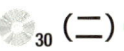

A：您 会 说 英语 吗？
　　Nín huì shuō Yīngyǔ ma?
　（あなたは英語ができますか。）

B：会 一点儿。
　　Huì yìdiǎnr.
　（少しできます。）

A：您 汉语 说 得 怎么样？
　　Nín Hànyǔ shuō de zěnmeyàng?
　（あなたの中国語はいかがですか。）

B：我 说 得 不 太 好。
　　Wǒ shuō de bú tài hǎo.
　（あまり上手ではありません。）

A：我 说 汉语，您 懂 吗？
　　Wǒ shuō Hànyǔ, nín dǒng ma?
　（私の中国語がわかりますか。）

B：请 慢 一点儿 说。我 的 汉语 水平 不 高。
　　Qǐng màn yìdiǎnr shuō. Wǒ de Hànyǔ shuǐpíng bù gāo.
　　请 多 指教。
　　Qǐng duō zhǐjiào.
　（もう少しゆっくり話して下さい。私の中国語はまだだめですから、ご指導下さい。）

ポイント

1．哪个

"**哪个**"は疑問代詞で「**哪个**＋名詞」の形で用いられると「どの」「どこの」などの意味を表す。

1．他在**哪个**学校学汉语？
 （彼はどこの学校で中国語の勉強をしているのですか。）
2．你们是**哪个**公司的？
 （君たちはどこの会社の人ですか。）

2．从

"**从**"は介詞で場所や位置を表す語句の前に置かれて、動作の起点を表す。

1．他**从**北京回国。 （彼は北京から帰国します。）
2．我刚**从**学校回来。 （私は学校から帰ったばかりです。）

3．也

"**也**"は副詞で2つの事柄が同じであることを意味する。

1．这本书好，那本书**也**不错。
 （この本はすばらしく、あの本も悪くありません。）
2．我学习汉语，他**也**学习汉语。
 （私は中国語を勉強しています。彼も中国語を勉強しています。）

4．会

"**会**"は能願動詞（助動詞）で学習や訓練によってある技能

を身につけたことを表す。
1．我**会**说汉语。　（私は中国語が話せます。）
2．他**会**开汽车。　（彼は車の運転ができます。）

5．一点儿

"**一点儿**"は動詞あるいは形容詞の後に置かれて少ない数量と軽い程度を表す。
1．请你再吃**一点儿**。　　　（もう少し食べなさい。）
2．我想买**一点儿**纪念品。
（私は少しお土産を買いたい。）

6．構造助詞"得"

"**得**"は構造助詞で「動詞＋**得**＋形容詞」という形で、動作の達した程度・結果を表す。
1．他汉语说**得**好。　（彼は中国語が上手です。）
2．你今天来**得**真早。
（君は今日ほんとうに早く来ましたね。）

7．**请多指教**

人に助言を請うたり教えを受ける時に用いる挨拶用語で「どうかご指導ください」という意味。

練習問題

1. 単語を入れ替えて、日本語に訳しなさい。

我从东京来。　　您会说英语吗？

北京
上海
美国
英国

汉语
日语
法语
德语

2. 次の日本文を中国語で言いなさい。

1. 私は大阪から来ました。

2. こちらもアメリカの方ですか。

3. あなたは中国語ができますか。

4. 私はあまり上手に話せません。

5. もう少しゆっくり話して下さい。

語　釈

哪个 [代] nǎge	どれ、どの
国家 [名] guójiā	国、国家
从 [介] cóng	…から
先生 [名] xiānsheng	…さん
对 [形] duì	そのとおりだ、正しい
会 [能] huì	…することができる
说 [動] shuō	話す、言う
一点儿 yìdiǎnr	少し
汉语 [名] Hànyǔ	中国語
怎么样 [代] zěnmeyàng	どうですか
不太 [副] bútài	あまり…ではない
懂 [動] dǒng	分かる、理解する
请 [動] qǐng	どうぞ（…してください）
慢 [形] màn	（速度が）遅い
水平 [名] shuǐpíng	水準、レベル
指教 [動] zhǐjiào	指導する
日语 [名] Rìyǔ	日本語
法语 [名] Fǎyǔ	フランス語
德语 [名] Déyǔ	ドイツ語

第8課 去博物馆怎么走?
Dì bā kè　Qù bówùguǎn zěnme zǒu?

(一)

A：请问，去 博物馆 怎么 走？
　　Qǐngwèn, qù bówùguǎn zěnme zǒu?
　　(すみません、博物館へ行くにはどう行けばいいのですか。)

B：往 南 走。
　　Wǎng nán zǒu.
　　(南の方へ行って下さい。)

A：远 不 远？
　　Yuǎn bu yuǎn?
　　(遠いですか。)

B：不 太 远。十 分 钟 就 可以 到。
　　Bú tài yuǎn. Shí fēn zhōng jiù kěyǐ dào.
　　(それほど遠くありません。10分もあれば着きます。)

A：要 不 要 拐弯？
　　Yào bu yào guǎiwān?
　　(道を曲がるのですか。)

B：到 前面 十字路口 向 左 拐。
　　Dào qiánmian shízìlùkǒu xiàng zuǒ guǎi.
　　(先へ行きますと十字路に出ますが、そこで左へ曲がって下さい。)

A：谢谢！
　　Xièxie!
　　(ありがとうございます。)

B：不谢！
Búxiè！
（どういたしまして。）

（二）

A：请问，去 火车站 坐 这 路 车，行 吗？
Qǐngwèn, qù huǒchēzhàn zuò zhè lù chē, xíng ma?
（すみません、駅へ行くにはこのバスに乗ればいいのですか。）

B：行，请 上 车 吧！
Xíng, qǐng shàng chē ba!
（そうです。どうぞお乗り下さい。）

A：要 买 多少 钱 的 票？
Yào mǎi duōshao qián de piào?
（いくらのキップを買えばいいのですか。）

B：四 分。
Sì fēn.
（4分です。）

A：劳驾，到 站 的 时候，请 告诉 我 一 声。
Láojià, dào zhàn de shíhou, qǐng gàosu wǒ yì shēng.
（すみません、駅に着いたらちょっと教えて下さい。）

B：好 的。
Hǎo de.
（わかりました。）

ポイント

1. 怎么

"**怎么**"は疑問代詞で「**怎么**+動詞」の形で用いると動作の方法を尋ねる言い方となる。「どのように」「どうやって」などの意味になる。

1．到动物园**怎么**走？
 (動物園へはどうやって行くのですか。)
2．我**怎么**做好呢？ (私はどうすればよいのでしょうか。)

2. 往

"**往**"は介詞で後に方向や場所を表す語句を置いて介詞連語を作り、動作の向う方向を表す。

1．**往**里看。 (中をのぞく。)
2．**往**外走。 (外に出る。)

3. 反復疑問文

反復疑問文は動詞や形容詞の肯定形と否定形を並列し、そのうち1つを任意に選ばせる疑問文である。

1．这本书**难不难**？ (この本は難しいですか。)
2．那件衣服**贵不贵**？ (あの服は値段が高いですか。)

4. 不太

"**不太**"は「**不太**+形容詞」の形で用いられると形容詞の程度を部分否定し「あまり…でない」「それほど…でない」などの意味を表す。

5．就

　副詞"**就**"は時間詞の後に用いられると、その時間内あるいはその時間までにある動作が順調に完了することを表す。
　　1．我早上六点**就**起床了。　　（私は朝6時には起きた。）
　　2．她一天**就**看了一本小说。
　　　（彼女は1日に1冊の小説を読んだ。）

6．可以

　"**可以**"は能願動詞（助動詞）で動詞の前に置かれて主に可能を表す。
　　1．明天你**可以**来吗？
　　　（明日、あなたは来られますか。）
　　2．这间房间**可以**两个人。　　（この部屋は2人住めます。）

7．向

　介詞"**向**"は名詞と組み合わさって、介詞連語を作り、動作の方向を表す。
　　1．**向**前看。　　　　（前方を見る。）
　　2．飞机**向**西飞去。　（飛行機は西に向って飛んで行く。）

8．不谢

　"**不谢**"は「どういたしまして」の意味でよく使う挨拶用語。"**不**"は副詞で「…する必要はない」「…しなくてもよい」などの意味を表す。

9. 行吗

"行吗"は追加疑問文で、平叙文で自分の考えを述べ相手に同意を求める場合に用いられる。「…してよろしいでしょうか」という意味である。

10. 吧（1）

この語気助詞"吧"は相談・提案・依頼・催促・命令などの語気を表すが、その語気は比較的におだやかで「…しましょう」という意味になる。

1．咱们快点儿走**吧**！　　（私たちは早く行きましょう。）
2．你一个人来**吧**。　　　（あなた1人で来てください。）

11. 要

能願助詞"要"は動詞の前に用いられて必要を表し「…しなければならない」「…する必要がある」などの意味になる。

1．你**要**注意身体。
　　（あなたは体に注意しなければなりません。）
2．学习汉语**要**多听多话。
　　（中国語の勉強は大いに聞いたり話したりしなければなりません。）

12. 劳驾

"**劳驾**"は人に用事を頼んだり、あるいは人に何かを尋ねる時に用いられる挨拶用語で相手に礼儀をしめす。

1. **劳驾**，帮我买本《汉日词典》。
   (すみません、私に中日辞典を買ってください。)
2. **劳驾**，去王府井怎么走？
   (すみません、王府井にはどう行けばよいのですか。)

練習問題

1．単語を入れ替えて、日本語に訳しなさい。

请问，去博物馆怎么走？　　往南走。

| 教室 |
| 机场 |
| 你的家 |
| 火车站 |

| 前 |
| 后 |
| 北 |
| 右 |

2．次の日本文を中国語で言いなさい。

1．10分でつきます。

2．もう駅につきました。

3．いくらのキップを買えばいいですか。

4．駅へ行くにはどう行けばいいですか。

5．駅についたらちょっと知らせて下さい。

語　釈

怎么	[代] zěnme	どのように
走	[動] zǒu	歩く、行く
往	[介] wǎng	…へ
远	[形] yuǎn	遠い
可以	[能] kěyǐ	…できる
到	[動] dào	到着する
要	[能] yào	…しなければならない
拐弯	[動] guǎiwān	角を曲がる
前面	[名] qiánmian	前、先、前方
十字路口	[名] shízìlùkǒu	十字路
向	[介] xiàng	…へ
拐	[動] guǎi	曲がる
火车站	[名] huǒchēzhàn	汽車の駅
坐	[動] zuò	腰をかける、座る
上车	[動] shàngchē	乗車する
买	[動] mǎi	買う
多少	[代] duōshao	いくら、どれだけ
钱	[名] qián	お銭
票	[名] piào	キップ
劳驾	[動] láojià	すみません、おそれいります
告诉	[動] gàosu	知らせる、告げる
机场	[名] jīchǎng	空港

第9課 现在几点?
Dì jiǔ kè　Xiànzài jǐ diǎn ?

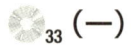

(一)

A：现在 几 点?
　　Xiànzài jǐ diǎn ?
　　(今、何時ですか。)

B：现在 七 点 二十五 分。
　　Xiànzài qī diǎn èrshíwǔ fēn.
　　(今、7時25分です。)

A：你 几 点 上课?
　　Nǐ jǐ diǎn shàngkè ?
　　(あなたは何時に授業に出るのですか。)

B：八 点。
　　Bā diǎn.
　　(8時です。)

A：你 什么 时候 去 教室?
　　Nǐ shénme shíhou qù jiàoshì ?
　　(あなたは、いつ教室に行くのですか。)

B：差 一 刻 八 点 去。
　　Chà yí kè bā diǎn qù.
　　(7時45分に行きます。)

A：现在 你 去 教室 吗?
　　Xiànzài nǐ qù jiàoshì ma ?
　　(今から教室に行くのですか。)

B：不去，我去吃饭。
Bú qù, wǒ qù chī fàn.
(いいえ、私は食事に行きます。)

(二)

A：明天去 长城，好 吗？
Míngtiān qù Chángchéng, hǎo ma?
(明日、万里の長城へ行きませんか。)

B：好，什么 时候 去？
Hǎo, shénme shíhou qù?
(いいです。いつ行きますか。)

A：早上 七 点。
Zǎoshang qī diǎn.
(朝の7時です。)

B：太 早 了。七 点 半 吧。你 几 点 起床？
Tài zǎo le. Qī diǎn bàn ba. Nǐ jǐ diǎn qǐchuáng?
(早すぎます。7時半にしましょう。あなたは何時に起きますか。)

A：六 点 半，你 呢？
Liù diǎn bàn, nǐ ne?
(6時半です。あなたは。)

B：我 也 六 点 半 起床。
Wǒ yě liù diǎn bàn qǐchuáng.
(私も6時半に起きます。)

ポイント

1．時間の表し方

中国語の時間の言い方は、基本的には"…**点**…**分（钟）**"で表される。

    1：00　一点（钟）
    2：05　两点（零）五分
    3：12　三点十二分
    4：15　四点一刻
    5：30　五点半
    6：45　六点三刻
    7：55　差五分八点

なお、時間を尋ねる言い方は"**几点（钟）**""**什么时候**"である。

2．好吗

"**好吗**"は追加疑問文で、先ず平叙文である提案をして、相手に同意を求める。

    1．明天去商店，**好吗**？　（明日商店に行きませんか。）
    2．我介绍一下，**好吗**？　（紹介してよろしいですか。）

3．太…了

　副詞"**太**"と助詞"**了**"と呼応させ、その中間に形容詞を入れて「**太**＋形容詞＋**了**」の形にすると程度の強調と感嘆の語気を表す。

　　1．这儿**太**漂亮**了**。　（ここはとても美しい。）
　　2．这个**太**大**了**。　　（これはあまりにも大きすぎる。）

　例文2のように"**太**…**了**"は望ましくない場合にも用いられることもあり「あまりにも…である」という意味を表す。

練習問題

1．単語を入れ替えて、日本語に訳しなさい。

現在<u>七点二十五分</u>。　　你什么时候<u>去教室</u>？

2：20
4：30
6：15
8：55

去食堂
去上海
来宿舎
来日本

2．次の日本文を中国語で言いなさい。

1．今、5時35分です。

2．私は食事に行きます。

3．私も7時半に起きます。

4．明日、万里の長城に行きませんか。

5．これからあなたは教室に行くのですか。

語　釈

現在　[名] xiànzài　いま
点　　[名] diǎn　（時間の単位）時
上课　[動] shàngkè　授業を受ける
差　　[動] chà　不足する、欠ける
吃饭　[動] chīfàn　食事をする
长城　[名] chángchéng　万里の長城
什么时候 shénme shíhou いつ、何時
太　　[形] tài　すごく、とても
宿舍　[名] sùshè　寮

第10课 邮局在哪儿?
Dì shí kè　Yóujú zài nǎr ?

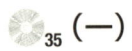

(一)

A：请问，邮局在哪儿?
　　Qǐngwèn, yóujú zài nǎr ?
　　(すみません、郵便局はどこにありますか。)

B：在前边。
　　Zài qiánbian.
　　(前のほうにあります。)

A：怎么走?
　　Zěnme zǒu ?
　　(どう行けばいいのですか。)

B：往前走。你看，那座楼就是。
　　Wǎng qián zǒu. Nǐ kàn, nà zuò lóu jiùshì.
　　(真っ直ぐに行って下さい。ほら、あの建物がそうです。)

A：那座白楼吗?
　　Nà zuò bái lóu ma ?
　　(あの白い建物ですか。)

B：不是，在那座白楼旁边。
　　Bú shì, zài nà zuò bái lóu pángbiān.
　　(いいえ、あの白い建物のそばです。)

A：我知道了。谢谢。
　　Wǒ zhīdao le. Xièxie.
　　(わかりました。ありがとうございました。)

B：不 谢。
    Bú xiè.
（どういたしまして。）

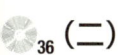

(二)

A：请问，北京 饭店 在 哪儿？
    Qǐngwèn, Běijīng fàndiàn zài nǎr?
（すみません、北京飯店はどこにありますか。）

B：在 王府井 大街。
    Zài Wángfǔjǐng dàjiē.
（王府井通りにあります。）

A：远 吗？
    Yuǎn ma?
（遠いですか。）

B：不 太 远。
    Bú tài yuǎn.
（それほど遠くありません。）

A：怎么 走？
    Zěnme zǒu?
（どう行けばいいですか。）

B：往 前 走。那 座 楼 就是。
    Wǎng qián zǒu. Nà zuò lóu jiùshì.
（真っ直ぐに行って下さい。あの建物がそうです。）

A：就 在 车站 旁边 吗？
Jiù zài chēzhàn pángbiān ma?
（バス停のそばですか。）

B：是。
Shì.
（そうです。）

ポイント

1．请问

"**请问**"は人にものを尋ねる時の挨拶用語で文頭に用いる。「お尋ねします」という意味である。

1．**请问**，您贵姓？
（お尋ねします。お名前は何といいますか。）
2．**请问**，你认识李先生吗？
（お尋ねします。あなたは李さんをごぞんじですか。）

2．方位詞

"**前边**""**旁边**"などは方位詞で、方向や位置を示す名詞である。

1．**前边**有什么？ （前には何がありますか。）
2．**前边**的大楼是个公司。（前のビルは会社です。）
3．教室在**旁边**。 （教室はそばにあります。）

3．就

副詞"**就**""**就是**"はいずれも肯定の語気を強める働きをする。"**就是**"は「ほかでもなくあれです」という意味で"**那座楼就是邮局**"の"**邮局**"が省略された文と考えられる。

"**就**"は「ほかでもなく」「間違いなく」などの意味になり動詞の前によく用いられる。

練習問題

1．単語を入れ替えて、日本語に訳しなさい。

请问，邮局在哪儿？　　就在车站旁边吗？

| 北京大学 |
| 中国银行 |
| 北京饭店 |
| 你们学校 |

| 商店 |
| 公司 |
| 学校 |
| 公园 |

2．次の日本文を中国語で言いなさい。

1．王府井通りにあります。

2．ほら、あの建物がそうです。

3．それほど遠くありません。

4．わかりました。ありがとうございました。

5．すみません。北京飯店はどこにありますか。

語　釈

邮局 [名] yóujú	郵便局	知道 [動] zhīdao	知っている、分かる
前边 [名] qiánbian	前、先、前方	饭店 [名] fàndiàn	ホテル
楼 [名] lóu	建物、ビル	大街 [名] dàjiē	大通り
旁边 [名] pángbiān	そば	公园 [名] gōngyuán	公園

第11课 快走吧，别迟到。
Dì shíyī kè kuài zǒu ba, bié chí dào.

(一)

A：快 八 点 了, 该 集合 出发 啦。
　　Kuài bā diǎn le, gāi jíhé chūfā la.
　　(もうすぐ8時ですから、そろそろ集まって出発しましょう。)

B：去 哪儿？
　　Qù nǎr?
　　(どこへ行くのですか。)

A：你 忘 啦, 去 参观 工业 展览会。
　　Nǐ wàng la, qù cānguān gōngyè zhǎnlǎnhuì.
　　(忘れたのですか、工業展覧会へ見学に行きます。)

B：你 看, 我 真 糊涂, 忘记 了。
　　Nǐ kàn, wǒ zhēn hútu, wàngjì le.
　　(あっ、うっかりして忘れていました。)

A：快 走 吧, 别 迟到。
　　Kuài zǒu ba, bié chídào.
　　(早く行きましょう。遅刻してはいけませんよ。)

B：我 去 拿 照相机, 马上 就 来。
　　Wǒ qù ná zhàoxiàngjī, mǎshàng jiù lái.
　　(私はカメラを取りに行ってすぐに来ます。)

(二)

A：老师，今天 有 什么 活动？
　　Lǎoshī, jīntiān yǒu shénme huódòng？
　　（先生、今日は何の課外活動がありますか。）

B：去 农村 参观。
　　Qù nóngcūn cānguān.
　　（農村へ見学に行きます。）

A：走着 去，还是 坐 车 去。
　　Zǒuzhe qù, háishi zuò chē qù.
　　（歩いて行きますか。それともバスで行きますか。）

B：当然 坐 车 去。
　　Dāngrán zuò chē qù.
　　（もちろん、バスで行きます。）

A：待 会儿 去 不 去 农民 家 访问？
　　Dāi huìr qù bu qù nóngmín jiā fǎngwèn？
　　（のちほど農家を訪問しますか。）

B：去 的。
　　Qù de.
　　（行きます。）

A：我们 可以 拍照 吗？
　　Wǒmen kěyǐ pāizhào ma？
　　（写真を撮ってもいいですか。）

B：我 想 可以。我 也 带了 照相机。
　　Wǒ xiǎng kěyǐ. Wǒ yě dàile zhàoxiàngjī.
　　（いいと思います。私もカメラをもって来ました。）

ポイント

1. 快…了

この構文は副詞 **"快"** と語気助詞 **"了"** が呼応したもので、動詞や名詞を間に入れるとある動作がまもなく行われるか、あるいはある状況がまもなく起こることを表す。

1. 我**快**去上海**了**。 （私はもうすぐ上海に行きます。）
2. **快**七点**了**，晚会就要开始了。
 （もうすぐ7時です。パーティーがすぐ始まります。）

2. 该

"该" は **"应该"** と同じ意味で話し言葉によく使われる。道理あるいは慣習に従えば「そうすべきだ」という意味を表す。

1. 你**该**回去了。 （あなたは帰るべきだ。）
2. 八点了，**该**上课啦。
 （8時だから、授業に出なければならない。）

3. 你看

"看" は「思う」「考える」意味で **"你看"** と言えば相手の考えを確かめる場合に文頭に置かれる。

1. **你看**，这种颜色好不好？ （この色はどうだろう。）
2. **你看**，这件衣服怎么样？ （この服はどうでしょう。）

4．別

副詞 "**別**" は "**不要**" と同じ意味で動詞の前に用い、ある動作を禁止したり、またやめるよう勧めることを表す。

1．你**別**骑自行车。
　　(あなたは自転車に乗ってはいけない。)

2．**別**买，这苹果不好。
　　(このリンゴはよくないので買うのをやめなさい。)

5．連動文

連動文は連用される2つの動詞が1つの主語を説明する文をいう。連用される動詞の順序は固定している。"**去农村参观**" は後の動詞 "**参观**" が前の動作の目的を表している。

1．我**去**商店**买**东西。　(私は商店に行って買物をする。)

2．他**去**邮局**寄**信。
　　(彼は手紙を出しに郵便局に行く。)

6．着

"**走着去**" は2つの動詞の間に動態助詞 "**着**" が用いられて連動文になっている。この2つの動作は同時に行われており、前の動作が後の動作の状態を説明している。

1．坐**着**看，还是站**着**看？
　　(座って見ますか、それとも立って見ますか。)

2．我喜欢听**着**音乐吃饭。
　　(私は音楽を聞きながら食事をするのが好きです。)

7．選択疑問文

選択疑問文は、接続詞"**还是**"を用いて可能性のある２つの答えを並列して、相手にその１つを選択させる疑問文をいう。

1．你对**还是**我对？
　　（あなたが正しいか、それとも私が正しいか。）
2．你买**还是**不买？
　　（あなたは買いますか、それとも買いませんか。）

8．当然

副詞"**当然**"は強い語気で後述の内容を肯定し「もちろん」「いうまでもなく」などの意味を表す。"**当然**"は述語の前に置いてもいいし、主語の前に置いてもいい。

1．我**当然**去。　（私はもちろん行きます。）
2．**当然**我想吃中国菜。
　　（もちろん私は中国料理が食べたい。）

9．動態助詞"了"

動態助詞"**了**"は、動詞のすぐ後につけて動作がすでに完了したことを表す。

1．我看**了**一本小说。　（私は小説を読んだ。）
2．他去**了**很多地方。　（彼はたくさんの場所に行った。）

練習問題

1．単語を入れ替えて、日本語に訳しなさい。

去参观<u>工业展览会</u>。

| 工厂 |
| 学校 |
| 博物馆 |
| 友谊商店 |

我去拿<u>照相机</u>，马上就来。

| 铅笔 |
| 词典 |
| 本子 |
| 书包 |

2．日本語の意味になるように、単語を並び替えて文を作りなさい。

1．あなたは休むべきです。
休息　你　了　该

2．もうやがて9時になります。
九点　快　现在　了

3．どうすればよいと思いますか。
   怎么 看 好 你 办

4．昨日、私は本を1冊買いました。
   书 昨天 了 一本 我 买

5．あなたはご飯にしますか、それとも餃子にしますか。
   米饭 吃 你 还是 饺子 吃

語　釈

語	品詞	ピンイン	意味
集合	[動]	jíhé	集合する
出发	[動]	chūfā	出発する
忘	[動]	wàng	忘れる
参观	[動]	cānguān	見学する、見物する
真	[副]	zhēn	実に、確かに
糊涂	[形]	hútu	ぼんやりしている
忘记	[動]	wàngjì	忘れる
别	[副]	bié	…するな
迟到	[動]	chídào	遅刻する
拿	[動]	ná	持つ、つかむ
照相机	[名]	zhàoxiàngjī	カメラ
马上	[副]	mǎshàng	すぐ、ただちに
活动	[動]	huódòng	ある目的のためにとる行動
待	[動]	dāi	とどまる
农民	[名]	nóngmín	農民
访问	[動]	fǎngwèn	訪問する
拍照	[動]	pāizhào	写真を撮る
带	[動]	dài	身につける
工厂	[名]	gōngchǎng	工場
友谊商店	[名]	yǒuyì shāngdiàn	友誼商店

第12課 Dì shí'èr kè 你是在哪儿学的汉语?
Nǐ shì zài nǎr xué de Hànyǔ?

39 (一)

A:汉语 你 说 得 不错 嘛。
　　Hànyǔ nǐ shuō de búcuò ma.
　（あなたは中国語が上手ですね。）

B:哪里, 哪里。
　　Nǎli, nǎli.
　（いいえ、そんなことはありません。）

A:汉语 你 学了 多 长 时间 了?
　　Hànyǔ nǐ xuéle duō cháng shíjiān le?
　（中国語をどのくらい勉強していますか。）

B:我 学了 两 年 多 了。
　　Wǒ xuéle liǎng nián duō le.
　（2年余り勉強しています。）

A:你 是 在 哪儿 学 的 汉语?
　　Nǐ shì zài nǎr xué de Hànyǔ?
　（どこで中国語を勉強したのですか。）

B:我 是 在 北京 大学 学 的。
　　Wǒ shì zài Běijīng dàxué xué de.
　（私は北京大学で勉強しました。）

(二)

A:你 现在 在 哪儿 学习?
　　Nǐ xiànzài zài nǎr xuéxí?
　　(あなたは今どこで勉強していますか。)

B:我 在 北京 大学 学习。
　　Wǒ zài Běijīng dàxué xuéxí.
　　(北京大学で勉強しています。)

A:你 觉得 汉语 难 不 难?
　　Nǐ juéde Hànyǔ nán bu nán?
　　(中国語は難しいですか。)

B:我 觉得 发音 很 难。
　　Wǒ juéde fāyīn hěn nán.
　　(私は発音が難しいと思います。)

A:每 星期 你们 上 几 节 课?
　　Měi xīngqī nǐmen shàng jǐ jié kè?
　　(週にどれくらい授業がありますか。)

B:每 星期 我们 上 十六 节 课。
　　Měi xīngqī wǒmen shàng shíliù jié kè.
　　(私たちは週に16時間授業があります。)

A:除了 现代 汉语 以外, 你们 还 学 什么?
　　Chúle xiàndài Hànyǔ yǐwài, nǐmen hái xué shénme?
　　(現代中国語の外に、何を勉強していますか。)

B:我们 还 学 中国 文学。
　　Wǒmen hái xué Zhōngguó wénxué.
　　(私たちはさらに中国文学を勉強しています。)

ポイント

1．不错

"**不错**"は「なかなかよい」「結構である」などの意味で"**好**"と同じ意味である。

1．这本书**不错**。　（この本はいいです。）
2．这个公园**不错**，风景优美。
（この公園はなかなかよくて、眺めがすばらしい。）

2．嘛

語気助詞"**嘛**"は、話し手が確信を表したり、あるいは明らかにそうだという気持ちを表す。

1．你说得很对**嘛**。
（あなたの言ったことはほんとうに正しい。）
2．我就是不想去**嘛**。
（私はほんとうに行きたくありません。）

3．哪里，哪里

"**哪里，哪里**"は丁寧で謙虚な気持を表す言い方である。礼を言われたり、ほめられた時に使う。また単独で"**哪里**"だけの場合もある。

1．你汉语说得真好。
（あなたは中国語がとても上手ですね。）
　哪里，哪里。　　　（とんでもありません。）
2．你对我帮助很大。　（ほんとうにお世話になりました。）
　哪里，哪里。　　　（どういたしまして。）

4．多

　形容詞"**多**"は数詞・数量詞の後に用いられて端数のあることを表す。10を越える数字の場合は、次のように数詞のすぐ後に用いる。

　　1．他七十**多**岁了。　　（彼はもう70を過ぎている。）
　　2．这件大衣三百**多**块钱。
　　　（このオーバーは300元余りです。）

5．在

　"**在**"は介詞として「**在**＋場所語＋動詞」の形で用いられると動作の行われる場所を示す。

　　1．我**在**家看书。　　　（私は家で本を読みます。）
　　2．他**在**教室里学习。　（彼は教室で勉強します。）

6．是…的

　"**是**…**的**"の構文は、ある動作が行われた場所・時間あるいは方法を強調して説明するのに用いられる。"**是**"は強調して説明したい語句の前に置かれるが、省略される場合もある。"**的**"は文末に置かれるが、目的語を伴う場合は動詞の後に置かれることもある。

　　1．我**是**从北京来**的**。　（私は北京から来ました。）
　　2．他**是**骑车去**的**天安门。
　　　（彼は自転車で天安門に行った。）

7．除了…以外

"**除了…以外**"はある事柄にほかの事柄を付け加えて説明する働きをする。その場合、ふつう後の文に副詞"**还**""**也**"などの副詞を用いて"**除了…以外，还（也）**"の形をとり「…のほかに…である」という意味を表す。

1．**除了**汉语**以外**，他**还**会英语。
   （彼は中国語のほかに英語もできる。）
2．家里**除了**父母**以外**，我**还**有一个哥哥。
   （家には両親のほかに、兄が１人います。）

8．能

能願動詞"**能**"は動詞の前に用いられて、あることをする能力を持っているという意味を表す。

1．我**能**听懂你的话。
   （私はあなたの言うことは分かります。）
2．这个困难**能**克服。　（この困難は克服できます。）

練習問題

1．単語を入れ替えて、日本語に訳しなさい。

你学了多长时间了？　　我们还学中国文学。

看
写
住
工作

历史
语法
音乐
医学

2．日本語の意味になるように、単語を並び替えて文を作りなさい。

1．このセーターはよい。
毛衣　这　不错　件

2．あなたの言うことは正しい。
很　你　嘛　得　对　说

3．この困難は克服できる。
困难　这个　克服　能

4．彼女は午前中に電話をかけてきた。
电话　是　她　的　上午　来　打

5．私は毎日10時間余り仕事をします。
工作　小时　十　每天　多　我　个

語 釈

不错 [形] búcuò	よい、すばらしい	
多 [副] duō	どれだけ、どのくらい	
觉得 [動] juéde	…と思う、感じる	
发音 [名] fāyīn	発音	
难 [形] nán	難しい	
星期 [名] xīngqī	曜日	
节 [量] jié	授業を数える量詞	
除了…（以外）[介] chúle	…を除けば	
还 [副] hái	また、さらに	
语法 [名] yǔfǎ	文法	
历史 [名] lìshǐ	歴史	
音乐 [名] yīnyuè	音楽	

第13課 今天几号?
Dì shísān kè　Jīntiān jǐ hào ?

(一)

A：今天 几 号?
　　Jīntiān　jǐ　hào ?
　　(今日は何日ですか。)

B：今天 十 月 二十三 号。
　　Jīntiān　shí　yuè　èrshísān　hào.
　　(今日は10月23日です。)

A：今天 星期四 吗?
　　Jīntiān　xīngqīsì　ma ?
　　(今日は木曜日です。)

B：今天 不 是 星期四, 昨天 星期四。
　　Jīntiān　bú　shì　xīngqīsì,　zuótiān　xīngqīsì.
　　(今日は木曜日ではありません。昨日が木曜日でした。)

A：明天 星期六, 晚上 你 做 什么?
　　Míngtiān xīngqīliù, wǎnshang nǐ　zuò shénme ?
　　(明日は土曜日ですが、夕方あなたは何をしますか。)

B：我 写 信, 你 呢?
　　Wǒ　xiě　xìn,　nǐ　ne ?
　　(私は手紙を書きますが、あなたは何をしますか。)

A：我 看 电视。
　　Wǒ　kàn　diànshì.
　　(私はテレビを見ます。)

(二)

A：你的生日是几月几号？
Nǐ de shēngri shì jǐ yuè jǐ hào?
（あなたの誕生日は何月何日ですか。）

B：五月十四号，你呢？
Wǔ yuè shísì hào, nǐ ne?
（5月14日です。あなたはいつですか。）

A：四月十号。
Sì yuè shí hào.
（4月10日です。）

B：四号是张丽英的生日。
Sì hào shì Zhāng Lìyīng de shēngri.
（4月は張麗英さんの誕生日です。）

A：四号星期几？
Sì hào xīngqī jǐ?
（4日は何曜日ですか。）

B：星期天。
Xīngqītiān.
（日曜日です。）

A：你去她家吗？
Nǐ qù tā jiā ma?
（あなたは彼女の家に行きますか。）

B：去，你呢？
Qù, nǐ ne?
（行きます。あなたはどうしますか。）

A：我 也 去。
    Wǒ yě qù.
    (私も行きます。)

B：我们 上午 去，好 吗？
    Wǒmen shàngwǔ qù, hǎo ma?
    (私たちは午前中に行きませんか。)

A：好。
    Hǎo.
    (いいです。)

ポイント

1. 月・日・曜日の表し方

中国語の月の名称は、漢数字以外は日本と同じである。

一月 yīyuè	**二月** èryuè	**三月** sānyuè
四月 sìyuè	**五月** wǔyuè	**六月** liùyuè
七月 qīyuè	**八月** bāyuè	**九月** jiǔyuè
十月 shíyuè	**十一月** shíyīyuè	**十二月** shí'èryuè

日付の表し方は、数字の後に"**号**"または"**日**"を用いる。"**号**"は話し言葉で、"**日**"は書き言葉である。

一号（日） yīhào(ri) （1日）
十五号（日） shíwǔhào(ri) （15日）
三十号（日） sānshíhào(ri) （30日）

曜日の名称は、次の通りである。

星期一 xīngqīyī （月曜日）	**星期二** xīngqī'èr （火曜日）
星期三 xīngqīsān （水曜日）	**星期四** xīngqīsì （木曜日）
星期五 xīngqīwǔ （金曜日）	**星期六** xīngqīliù （土曜日）

星期天（日） xīngqītiān(ri) （日曜日）

2. 名詞述語文

名詞・名詞連語や数量詞などを述語に用いて、主語が何であるかを説明する文を**名詞述語文**という。名詞述語文は、**時間・日付・本籍・年齢・価格**などを表現するときに用いられる。

1．现在三点十分。　　（今3時10分です。）
2．今天十月一号。　　（今日は10月1日です。）
3．明天星期六。　　　（明日は土曜日です。）
4．他北京人。　　　　（彼は北京の出身です。）
5．我十八岁。　　　　（私は18歳です。）
6．这本书五块钱。　　（この本は5元です。）

名詞述語文は、判断動詞"**是**"は用いないが、"**是**"を用いて動詞述語文にすることもできる。

7．今天**是**十月一号。
8．明天**是**星期六。
9．他**是**北京人。

否定形は必ず"**不是**"を用いる。

4．今天**不是**十月一号。
5．明天**不是**星期六。
6．他**不是**北京人。

3．状語

動詞・形容詞の前についた修飾成分を**状語**という。状語には**副詞・形容詞・時間詞・介詞連語**などがなる。

1．她**常**去我家玩儿。　　（彼女はよく私の家に遊びに来る。）
2．你们**快**来。　　　　　（君たち早く来なさい。）
3．我们**八点**去上课。　　（私たちは8時に授業に出ます。）
4．他**在银行**工作。　　　（彼は銀行で働いています。）

練習問題

1．単語を入れ替えて、日本語に訳しなさい。

今天几号？

| 昨天 |
| 明天 |
| 这个星期六 |
| 下个星期天 |

我们上午去，好吗？

| 下午去他家 |
| 晚上看电视 |
| 明天去买东西 |
| 星期天听音乐 |

2．日本語の意味になるように、単語を並び替えて文を作りなさい。

1．彼は最近とても忙しい。
　　很　他　忙　最近

2．今日は木曜日ではありません。
　　是　今天　不　星期四

3．この辞書は15元です。
　　十五　这本　块　词典

4．土曜日あなたは授業がありますか。
　　课　吗　你　星期六　有

5．私の父は大学に勤めています。
　　大学　爸爸　工作　我　在

語 釈

今天 [名] jīntiān	今日	信 [名] xìn	手紙
号 [名] hào	にち、日	看 [動] kàn	見る
星期四 [名] xīngqīsì	木曜日	电视 [名] diànshì	テレビ
昨天 [名] zuótiān	昨日	生日 [名] shēngri	誕生日
星期六 [名] xīngqīliù	土曜日	星期天 [名] xīngqītiān	日曜日
写 [動] xiě	書く	上午 [名] shàngwǔ	午前

第14课 Dì shísì kè 他在银行工作。
Tā zài yínháng gōngzuò.

(一)

A：请问，你家有什么人？
　　Qǐngwèn, nǐ jiā yǒu shénme rén?
　　（お尋ねしますが、家族にはどんな方がおられますか。）

B：我家有父亲，母亲和妹妹。
　　Wǒ jiā yǒu fùqin, mǔqin hé mèimei.
　　（父、母それに妹がいます。）

A：你有没有哥哥？
　　Nǐ yǒu méiyou gēge?
　　（兄さんはいないのですか。）

B：没有。
　　Méiyǒu.
　　（いません。）

A：你父亲在哪儿工作？
　　Nǐ fùqin zài nǎr gōngzuò?
　　（お父さんはどちらにお勤めですか。）

B：他在银行工作。
　　Tā zài yínháng gōngzuò.
　　（銀行に勤めています。）

A：他今年多大年纪？
　　Tā jīnnián duō dà niánjì?
　　（お父さんは今年いくつですか。）

B：他 今年 六十 岁。
Tā jīnnián liùshí suì.
（父は今年60歳です。）

A：你 母亲 也 工作 吗？
Nǐ mǔqin yě gōngzuò ma ?
（お母さんもお勤めですか。）

B：不, 她 已经 退休 了。
Bù, tā yǐjing tuìxiū le.
（いいえ、母はもう定年退職しました。）

(二)

A：你 结婚 了 吗？
Nǐ jiéhūn le ma ?
（あなたは結婚していますか。）

B：我 结婚 了。
Wǒ jiéhūn le.
（結婚しています。）

A：你 有 几 个 孩子？
Nǐ yǒu jǐ ge háizi ?
（お子さんは何人ですか。）

B：我 有 两 个 孩子，一 个 儿子，一 个 女儿。
Wǒ yǒu liǎng ge háizi, yí ge érzi, yí ge nǚ'ér.
（2人います。息子と娘です。）

A：他们 几 岁 了？
　　Tāmen jǐ suì le？
　　（お子さんたちはいくつですか。）

B：大 的 九 岁, 小 的 四 岁。
　　Dà de jiǔ suì, xiǎo de sì suì.
　　（上の子は9歳で、下の子は4歳です。）

ポイント

1. 有

動詞"**有**"は所有を表す。否定形は"**没有**"で"**不有**"という言い方はしない。

1. 我**有**一个中国朋友。
   （私は中国人の友達が1人います。）
2. 我**有**弟弟，**没有**妹妹。
   （私は弟はいますが、妹はいない。）
3. 上野动物园也**有**熊猫。
   （上野動物園にもパンダがいます。）

2. 年齢の尋ね方

年齢を尋ねる時は、"**多大**"を使い、"**多少**"はふつう使わない。また、相手によって、聞き方も異なる。

1. 你父亲**多大**年纪（多大岁数）？（年長者に対して）
   （あなたのお父さんはいくつですか。）
2. 你哥哥今年**多大**岁数？（同世代の人に対して）
   （あなたの兄さんは今年いくつですか。）

3．你弟弟今年**多大**？（目下の人あるいは若者に対して）
（あなたの弟は今年いくつですか。）

4．你今年**几岁**？（子供に対して）
（君は今年いくつですか。）

3．語気助詞"了"

語気助詞"了"は、普通ある事柄や状況が起こったことを確認する意味をもつが、時には状況の変化を表すこともある。

1．天放晴**了**。　　　　　（空が晴れた。）
2．这个月我不忙**了**。　（私は今月ひまになった。）
3．现在他有工作**了**。　（彼は今仕事が見つかった。）

4．"几"と"多少"

疑問代詞"几"は数量を尋ねる時に用いる。

1．今天**几**号？　　　（今日は何日ですか。）
2．你家有**几**口人？　（ご家族は何人ですか。）

"几"と"多少"は数量を尋ねる時に用いる疑問代詞ですが、使い方が違う。"多少"は数量的な制限がないが、"几"は10以内の数量しか用いられない。したがって、10以上の場合は"**多少**"で質問し、10以下の場合は"**几**"で尋ねる。

3．你有**几**本中文书？（10冊以下）
（あなたは中国語の本を何冊持っていますか。）

4．你有**多少**本中文书？（10冊以上）
（あなたは中国語の本を何冊持っていますか。）

5. "两"と"二"

"两"と"二"はいずれも「2」を意味しているが、使い方において次のような違いがある。"两"は量詞の前に用いて人や物の数を表す。

两本书　（2冊の本）　　**两**封信　（2通の手紙）
两个朋友（2人の友達）　**两**个孩子（2人の子供）

"二"は序数に用いる。
　第**二**（第2、2番目）　　　**二**哥（2番目の兄）

6. 形容詞＋的

「形容詞＋**的**」は的字連語といわれ、1つの名詞に相当する。"**的**"の後に続く名詞が省略されていると見てもよい。つまり"**大的**"は"**大的孩子**"の意味で、"**小的**"は"**小的孩子**"の意味である。

練習問題

1. 単語を入れ替えて、日本語に訳しなさい。

   请问，<u>你家有什么人？</u>　　她已经<u>退休</u>了。

   | 你有几个孩子 |
   | 你叫什么名字 |
   | 你家住在哪儿 |
   | 复旦大学在哪儿 |

   | 结婚 |
   | 来中国 |
   | 认识我 |
   | 会说汉语 |

2. 日本語の意味になるように、単語を並び替えて文を作りなさい。

   1. あなたの妹は今年いくつですか。
      今年　妹妹　你　大　多

   2. 机の上に4冊のノートがある。
      四个　上　本子　桌子　有

   3. あなたは中国人の友達が何人いますか。
      朋友　有　你　个　中国　几

   4. 私たちは今全員辞書を持っています。
      都　现在　了　词典　有　我们

   5. 私は昨日本屋で2冊の本を買いました。
      昨天　买　两本　我　书店　了　在　书

語 釈

哥哥 [名] gēge	兄	
没有 [動] méiyǒu	持っていない	
年纪 [名] niánjì	年齢	
已经 [副] yǐjing	すでに、もう	
退休 [動] tuìxiū	定年退職する	
孩子 [名] háizi	子供	
岁 [量] suì	年齢を数える量詞	
名字 [名] míngzi	名前	
本 [量] běn	本を数える量詞	
书店 [名] shūdiàn	本屋、書店	

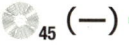

第15课 我没带笔。
Dì shíwǔ kè   Wǒ méi dài bǐ.

(一)

A：我们 都 做 练习, 你 怎么 不 做？
　　Wǒmen dōu zuò liànxí, nǐ zěnme bú zuò?
　　（私たちは練習問題をしているのに、君はどうしてしないのですか。）

B：我 没 带 笔。你 有 不 用 的 笔 吗？
　　Wǒ méi dài bǐ. Nǐ yǒu bú yòng de bǐ ma?
　　（私はペンを持っていません。使わないペンはありませんか。）

A：我 有 圆珠笔, 你 要 吗？
　　Wǒ yǒu yuánzhūbǐ, nǐ yào ma?
　　（ボールペンなら持っていますが、いりますか。）

B：借 我 用用, 行 吗？
　　Jiè wǒ yòngyong, xíng ma?
　　（私に貸してくれませんか。）

A：当然 可以。
　　Dāngrán kěyǐ.
　　（もちろんいいですよ。）

B：谢谢, 一会儿 还 你。
　　Xièxie, yíhuìr huán nǐ.
　　（ありがとう、すぐに返します。）

A：你 用 吧。
　　Nǐ yòng ba.
　（どうぞ使って下さい。）

(二)

A：你 去 上课 吗？
　　Nǐ qù shàngkè ma?
　（君は授業に出ますか。）

B：不，我 去 图书馆 还 书。
　　Bù, wǒ qù túshūguǎn huán shū.
　（いいえ、私は本を返しに図書館へ行きます。）

A：图书馆 在 哪儿？
　　Túshūguǎn zài nǎr?
　（図書館はどこにありますか。）

B：很 近，就 在 那儿。
　　Hěn jìn, jiù zài nàr.
　（近いです。すぐそこです。）

A：你 借 的 什么 书？
　　Nǐ jiè de shénme shū?
　（君はどんな本を借りましたか。）

B：小说。
　　Xiǎoshuō.
　（小説です。）

A：是 英文 的 还是 中文 的？
Shì Yīngwén de háishi Zhōngwén de ?
（英語の小説ですか、それとも中国語の小説ですか。）

B：中文 的。
Zhōngwén de.
（中国語の小説です。）

A：我 也 想 看 中文 的，可是 中文 的 都 很 难。
Wǒ yě xiǎng kàn Zhōngwén de, kěshì Zhōngwén de dōu hěn nán.
（私も中国語の小説を読みたいが、中国語の小説はどれもとても難しい。）

B：也 有 很 容易 的。
Yě yǒu hěn róngyì de.
（やさしいのもあります。）

A：我 不 知道 哪些 书 容易？
Wǒ bù zhīdao nǎxiē shū róngyì ?
（どれらの本がやさしいのか私にはわかりません。）

B：我 知道。走，我 帮 你 借。
Wǒ zhīdao. Zǒu, wǒ bāng nǐ jiè.
（私はわかっています。行きましょう。私が借りてあげよう。）

ポイント

1．疑問代詞 "怎么"

　"**怎么**" は "**为什么**" と同じ意味で、原因や理由を尋ねる。しかしその意味内容に少し違いがある。"**怎么**" は原因や理由をいぶかる気持で詰問する語気が含まれる。

　　1．他**怎么**走了？
　　　（彼はどうして行ってしまったのですか。）
　　2．你**怎么**没做练习？
　　　（君はどうして練習問題をしなかったのですか。）

2．没（有）＋動詞

　否定詞 "**没（有）**" は動詞の前に用いられると、動作の完了・実現・発生の否定を表し「…しなかった」「まだ…していない」などの意味になる。

　　1．我**没有**去。　　（私は行かなかった。）
　　2．他还**没有**回来。　（彼はまだ帰って来ません。）

3．動詞の重ね型

　動詞が重なると、動作の持続する時間が短いことを表す。時には、気軽に試しにやってみるというニュアンスをもつ。

　　1．我想去公园**玩儿玩儿**。　（公園に行って遊びたい。）
　　2．你去商店**看看**吧。　　（商店に行って見てごらん。）

単音節動詞が重ねられる場合、その間に"了"や"一"を加えることができる。

　　看**了**看　　看**一**看
　　想**了**想　　想**一**想

4．吧 (2)
　この語気助詞"**吧**"は命令文の文末に用いられると、依頼・勧誘・催促などの語気を表す。

　　1．请坐**吧**！　　　　　　（どうぞお座り下さい。）
　　2．早点儿休息**吧**。　　（早く休みなさい。）

5．可是
　接続詞"**可是**"は逆接関係を表す文に用いられ、前の文で述べられた事実とその内容が相反することを述べる。「…ではあるが、しかし…」の意味を表す。

　　1．工作很忙，**可是**大家很高兴。
　　　（仕事は忙しいが、みんな嬉しそうである。）
　　2．这橘子很大，**可是**不太甜。
　　　（このみかんは大きいが、あまり甘くない。）
　　3．虽然是冬天，**可是**屋子里很暖和。
　　　（冬であるが、部屋の中は暖かい。）

　逆接関係を表す文は、例文3のように"**虽然**"と呼称して"**虽然**…**可是**…"の呼応形式で用いられることがある。

6．兼語文

　動詞述語文に、述語が2つの動詞からなり、前の動詞の目的語が後の動詞の主語を兼ねているものがある。このような文を兼語文という。"**你**"は"**帮**"の目的語で"**借**"の主語でもある。

我	**帮**	**你**		
主　語	述　語¹	目的語 （兼語） 主　語	**借** 述　語²	（目的語）

1．他请我吃饭。
　　（彼は私を食事に招待してくれた。）
2．妈妈要她注意身体。
　　（お母さんは彼女に体に気を付けるように言った。）

練習問題

1．単語を入れ替えて、日本語に訳しなさい。

借我用用，行吗？　　我帮你借。

| 看看 |
| 听听 |
| 骑骑 |
| 穿穿 |

| 做 |
| 找 |
| 买 |
| 写 |

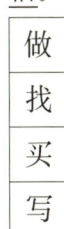

2．日本語の意味になるように、単語を並び替えて文を作りなさい。

1．君たちは早く行きなさい。
　早　吧　你们　点儿　去

2．私の家に遊びに来て下さい。
　来　坐坐　请　家　我

3．彼はまだ中国から帰っていない。
　还　回来　他　没有　中国　从

4．あの事は人に頼んだ。
　我　了　那件　请　事　办　人

5．あなたはなぜそんなことを言うのですか。
　这样　呢　怎么　你　说　的　话

語　釈

练习 [名] liànxí	練習問題
怎么 [代] zěnme	どうして、なんで
笔 [名] bǐ	筆・ペン
圆珠笔 [名] yuánzhūbǐ	ボールペン
要 [動] yào	ほしい
一会儿 [副] yíhuìr	まもなく、すぐに
还 [動] huán	返す
图书馆 [名] túshūguǎn	図書館
还是 [接] háishi	それとも…か
可是 [接] kěshì	しかし
容易 [形] róngyì	やさしい
知道 [動] zhīdao	知っている、分かる
帮 [動] bāng	手伝う、（代わりに）…する
听 [動] tīng	聞く
骑 [動] qí	（またいで）乗る
穿 [動] chuān	着る
找 [動] zhǎo	さがす
办 [名] bàn	する、やる
这样 [代] zhèyàng	このように

第16课 这是第一次。
Dì shíliù kè　Zhè shì dì yí cì.

(一)

A：山本，以前 你 来过 中国 吗？
　　Shānběn, yǐqián nǐ láiguo Zhōngguó ma?
　　（山本さん、以前に中国へ来たことがありますか。）

B：我 没 来过。这 是 第 一 次。
　　Wǒ méi láiguo. Zhè shì dì yí cì.
　　（来たことがありません。今回が初めてです。）

A：你 来 北京 以后，去过 哪些 地方？
　　Nǐ lái Běijīng yǐhòu, qùguo nǎxiē dìfang?
　　（あなたは北京に来て、どんな所に行きましたか。）

B：天坛，故宫，北海 公园。
　　Tiāntán, Gùgōng, Běihǎi gōngyuán.
　　（天壇、故宮、北海公園です。）

A：去过 长城 没有？
　　Qùguo Chángchéng méiyou?
　　（万里の長城へ行きましたか。）

B：我 还 没有 去过 长城 呢。
　　Wǒ hái méiyǒu qùguo Chángchéng ne.
　　（まだ万里の長城には行ったことがありません。）

A：下星期六 学校 组织 去。
　　Xiàxīngqīliù xuéxiào zǔzhī qù.
　　（来週の土曜日に学校で希望者を募って行きます。）

B：那 我 一定 报名，跟 大家 一起 去。
　　Nà wǒ yídìng bàomíng, gēn dàjiā yìqǐ qù.
（それでは、私は必ず申し込んで、みんなと一緒に行きます。）

(二)

A：明天 去 天坛 玩儿，怎么样？
　　Míngtiān qù Tiāntán wánr, zěnmeyàng?
（明日、天壇へ遊びに行きませんか。）

B：我 去过 了，去 颐和园 吧。
　　Wǒ qùguo le, qù Yíhéyuán ba.
（私は行ったことがあるので、頤和園に行きましょう。）

A：我 去过 很 多 次 了。
　　Wǒ qùguo hěn duō cì le.
（私は何度も行きました。）

B：那 去 香山 吧。
　　Nà qù Xiāngshān ba.
（それでは、香山に行きましょう。）

A：好，我 没有 去过，你 呢？
　　Hǎo, Wǒ méiyǒu qùguo, nǐ ne?
（はい、私は行ったことがありません。あなたは。）

B：我 去过，还 爬过 山。
　　Wǒ qùguo, hái páguo shān.
（私は行ったことがあり、山にも登りました。）

A:香山 高 不 高?
　　Xiāngshān gāo bu gāo?
　（香山は高いですか。）

B:不 太 高。明天 我们 一起 去 爬 山。
　　Bú tài gāo. Míngtiān wǒmen yìqǐ qù pá shān.
　（あまり高くありません。明日、私たちは一緒に山に登りましょう。）

ポイント

1．動作の経験

動態助詞"**过**"を動詞の後に置くと、ある動作が過去に行われたことを表し、こうした経験があるということを強調する。否定形は動詞の前に否定副詞"**没（有）**"を付ける。

1．我去**过**长城。　（私は万里の長城に行ったことがある。）
2．他学**过**汉语。　（彼は中国語を学んだことがある。）
3．我**没**吃**过**中国菜。
（私は中国料理を食べたことがない。）

2．動詞＋过＋目的語＋没有

この構文は肯定形と否定形（**没有**）を並列させて、そのどちらかを答えさせる疑問文である。

1．你看**过**这本书**没有**？
（あなたはこの本を読んだことがありますか。）
2．他去**过**杭州**没有**？
（彼は杭州に行ったことがありますか。）

3．語気助詞"呢"

"**呢**"は平叙文の文末に用い、ある事実を説明し相手に確認させる働きをする。副詞"**还**""**可**""**才**"などと併用してやや誇張した語気を含む。

1．别着急，时间**还**早**呢**。
（慌てなさんな、時間はまだ早いよ。）
2．今天**可**冷**呢**。　（今日はとても寒いよ。）

4．那

この"**那**"は"**那么**"と同じ意味である。前の文を受け継いで、それに伴う結果を言い表すのに用いられる。

1．你去，**那**我就不去了。
　　（あなたが行くなら、私は行くのをやめよう。）
2．你有事，**那**我一定来。
　　（あなたに用事があるのなら、私は必ず来ます。）

5．怎么样

疑問代詞"**怎么样**"は提案や依頼をし、相手に意見を求める場合に文の最後に用いる。

1．我们明天去长城**怎么样**？
　　（明日、万里の長城に行きませんか。）
2．你给我们讲故事**怎么样**？
　　（私たちに物語を聞かせてくれませんか。）

6．動量補語

動作・行為の行われる回数を表す補語を動量補語という。動詞補語は普通「数詞＋量詞」で構成されるが、量詞は"**次**""**下**""**遍**"などがよく用いられる。

1．他来过**一次**。　（彼は一度来たことがある。）
2．中国菜我吃过很**多次**。
　　（私は中国料理を何度も食べたことがある。）

練習問題

1．単語を入れ替えて、日本語に訳しなさい。

你来过中国吗？　　我还没有去过长城呢。

去	上海
吃	饺子
看	中国小说
喝	中国茶

他
她
老师
哥哥

故宫
西安
杭州
香港

2．日本語の意味になるように、単語を並び替えて文を作りなさい。

1．私はこの本を読んだことがある。
　　过 我 这本 看 书

2．彼はまだ起きていない。
　　没有 呢 还 起床 他

3．あなたは1度旅行に行くべきだ。
　　应该 一次 去 你 旅行

4．今晩あなたは手紙を書きましたか。
　　晚上 没有 信 你 今天 写 了

5．以前こんな問題は起こらなかった。
　　发生 的 问题 以前 过 没有 这样

語 釈

第一次 [連] dìyīcì 初めて
地方 [名] dìfang ところ、場所
下星期六 [名] xiàxīngqīliù 来週の土曜日
组织 [動] zǔzhī 組織する
报名 [動] bàomíng 申し込む
跟…（一起）[介] gēn …と一緒に
大家 [代] dàjiā みんな
玩儿 [動] wánr 遊ぶ
那 [接] nà それでは
爬（山）[動] pá （山に）登る
一起 [副] yìqǐ 一緒に
饺子 [名] jiǎozi 餃子
中国菜 [名] zhōngguócài 中国料理
应该 [能] yīnggāi …でなければならない

第17課 你应该多吃点儿水果。
Dì shíqī kè　Nǐ yīnggāi duō chī diǎnr shuǐguǒ.

(一)

A：你 感冒 好 点儿 了 吗？
　　Nǐ gǎnmào hǎo diǎnr le ma?
　　（あなたの風邪は少しよくなりましたか。）

B：好 多 了，就是 胃口 还 不 太 好。
　　Hǎo duō le, jiùshì wèikǒu hái bú tài hǎo.
　　（だいぶよくなりました。ただ食欲はまだあまりありません。）

A：那 你 应该 多 吃 点儿 水果。
　　Nà nǐ yīnggāi duō chī diǎnr shuǐguǒ.
　　（それなら、果物をたくさん食べなければなりません。）

B：是 啊，我 昨天 买了 一些 苹果 和 梨。今天，
　　Shì a, wǒ zuótiān mǎile yìxiē píngguǒ hé lí. Jīntiān,
　　我 还 想 买 点儿 橘子 和 香蕉。
　　wǒ hái xiǎng mǎi diǎnr júzi hé xiāngjiāo.
　　（そうですね。私は昨日少しリンゴと梨を買いました。今日は
　　さらにミカンとバナナを少し買いたいと思います。）

A：附近 水果店 里 有 卖。
　　Fùjìn shuǐguǒdiàn li yǒu mài.
　　（近くの果物店で売っています。）

(二)

A：先生，你 买 什么？
　　Xiānsheng, nǐ mǎi shénme?
　（いらっしゃい、何をお買いになりますか。）

B：我 要 买 橘子。
　　Wǒ yào mǎi júzi.
　（ミカンを買いたいです。）

A：买 几 斤？
　　Mǎi jǐ jīn?
　（何斤お買いになりますか。）

B：三 斤。多少 钱 一 斤？
　　Sān jīn. Duōshao qián yì jīn?
　（3斤ください。1斤いくらですか。）

A：六 毛 五 分。三 斤 一 块 九 毛 八。还 要
　　Liù máo wǔ fēn. Sān jīn yí kuài jiǔ máo bā. Hái yào
　　别的 吗？
　　biéde ma?
　（6毛5分です。3斤は1元9毛8分です。ほかに何かいりませんか。）

B：再 称 两 斤 香蕉。
　　Zài chēng liǎng jīn xiāngjiāo.
　（さらにバナナを2斤ください。）

A：两 斤 一 块 四。一共 三 块 三 毛 八。
　　Liǎng jīn yí kuài sì. Yígòng sān kuài sān máo bā.
　（2斤で1元4毛です。全部で3元3毛8分です。）

ポイント

1．(一) 点儿

"(一) 点儿"が形容詞の後に置かれて補語となると比較のニュアンスが含まれ、程度の軽いことを表し「少し…」「ちょっと…」の意味になる。

1．明天我早**一点儿**出发。
 (明日、私は少し早めに出掛ける。)
2．这个菜咸**一点儿**。 (この料理は少し塩からい。)

2．形容詞＋多了

この構文は比較の結果、差が大きいことを表し「ずっと…」「はるかに…」などの意味を表す。

1．孩子瘦**多了**。 (子供はずいぶんやせた。)
2．现在的任务难**多了**。
 (今の仕事ははるかに困難である。)

3．接続詞 "就是"

この"就是"は後の文に用いられて範囲を限定し、他を排除し、軽い逆接の働きをする。「ただ…だけが」という意味になる。

1．这件衣服不错，**就是**价钱太贵。
 (この服はよいが、ただ値段が高すぎる。)
2．他工作，学习都很好，**就是**常常生病。
 (彼は仕事も勉強もよくできるが、ただよく病気をする。)

4．**多＋動詞**

動詞の前に形容詞"**多**"を用いると、その動作を本来あるべき数量よりも多く、余分にすることを表す。普通、動詞の後には不定のわずかな数量を示す"**（一）点儿**"を用いる。

1．请**多**吃**点儿**菜吧！ （どうぞたくさん食べて下さい。）
2．学生时代得**多**看**点儿**书。
　　（学生時代は本を多く読まなければならない。）

5．**再＋動詞**

「**再＋動詞**」の形で用いると、動作の繰り返しや継続を表すが、多くは未来の動作に用いられる。

1．明天**再来**拜访。　（明日もう１度おうかがいします。）
2．请**再等**两三天。　（もうあと２、３日待って下さい。）

練習問題

1. 単語を入れ替えて、日本語に訳しなさい。

我昨天买了一些苹果和梨。

牛奶	鸡蛋
面包	面条
橘子	香蕉
啤酒	乌龙茶

一共三块三毛八。

| 五块九毛六 |
| 十块一毛五 |
| 十二块三毛七 |
| 二十块四毛二 |

2．日本語の意味になるように、単語を並び替えて文を作りなさい。

1．彼は少し風邪を引いている。
（一）点儿 他 了 有 感冒

2．私はお茶を少し飲んだ。
一些 我 茶 喝 了

3．リンゴは1斤いくらですか。
钱 一斤 苹果 多少

4．あなたはどんな果物が買いたいですか。
买 水果 你 什么 想

5．あなたの食欲はいかがですか。
胃口 怎么样 的 你

語 釈

感冒 [名] gǎnmào 風邪
(一)点儿 [量] (yì) diǎnr 少し
就是 [副] jiùshì ただ…だけ
胃口 [名] wèikǒu 食欲
水果 [名] shuǐguǒ 果物
一些 [量] yìxiē 少しばかり
苹果 [名] píngguǒ リンゴ
橘子 [名] júzi ミカン
香蕉 [名] xiāngjiāo バナナ
斤 [量] jīn （重さの単位）斤(500グラム)
别的 [代] biéde ほかのもの
再 [副] zài さらに
称 [動] chēng 買う
牛奶 [名] niúnǎi 牛乳
鸡蛋 [名] jīdàn 卵
面包 [名] miànbāo パン
面条 [名] miàntiáo めん類
啤酒 [名] píjiǔ ビール
乌龙茶 [名] wūlóngchá ウーロン茶
喝 [動] hē 飲む

第18課 你别抽烟了。
Dì shíbā kè　Nǐ bié chōuyān le.

(一)

A：哥哥，你 怎么 了？
　　Gēge,　nǐ zěnme le?
　（兄さん、どうしましたか。）

B：没 什么，有点儿 咳嗽。
　　Méi shénme, yǒudiǎnr késou.
　（たいしたことはない。少しせきがでます。）

A：你 别 抽烟 了。
　　Nǐ bié chōuyān le.
　（たばこをやめなさい。）

B：我 每天 抽 得 不 多。
　　Wǒ měitiān chōu de bù duō.
　（私は毎日多く吸っていません。）

A：那 对 身体 也 不 好。
　　Nà duì shēntǐ yě bù hǎo.
　（それは体によくありません。）

B：我 想 不 抽，可是 觉得 不 舒服。
　　Wǒ xiǎng bù chōu, kěshì juéde bù shūfu.
　（私もやめようと思っているが、気分が悪くなります。）

A：时间 长了 就 习惯 了。
　　Shíjiān chángle jiù xíguàn le.
　（時間がたてば慣れます。）

B：好，我 试试。今天 先 吃 点儿 药。
　　Hǎo, wǒ　shìshi. Jīntiān xiān chī　diǎnr　yào.
　（わかった、やってみよう。今日は先ず薬を飲もう。）

A：你 去 医院 看看 吧。
　　Nǐ　qù　yīyuàn kànkan ba.
　（病院で診てもらいなさい。）

(二)

A：你 骑 车 骑 得 太 快 了。这样 不 安全。
　　Nǐ qí chē qí de tài kuài le. Zhèyàng bù ānquán.
　（あなたは自転車を飛ばしすぎです。危ないですよ。）

B：我 有 事，得 快 点儿 去。
　　Wǒ yǒu shì, děi kuài diǎnr　qù.
　（用事があるので早く行かねばなりません。）

A：那 也 不 能 骑 得 这么 快。
　　Nà yě bù néng qí de zhème kuài.
　（それでもそんなに速く飛ばしてはいけません。）

B：没 关系，我 骑 车 的 技术 好。
　　Méi guānxi, wǒ　qí chē de　jìshù　hǎo.
　（かまいません、私は自転車が上手に乗れます。）

A：骑快 了 容易 出 事故。昨天 北京 大学 前边
　　Qíkuài le róngyì chū shìgù. Zuótiān Běijīng dàxué qiánbian

出 交通 事故 了。
chū jiāotōng shìgù le.

（スピードを出しすぎると事故が起きますよ。昨日、北京大学の前で交通事故が起きました。）

B：真 的 吗？
　　Zhēn de ma?

（ほんとうですか。）

A：你 得 注意 安全 啊！
　　Nǐ děi zhùyì ānquán a!

（安全に気をつけて下さいよ。）

B：好，我 以后 不 骑快 车 了。
　　Hǎo, wǒ yǐhòu bù qíkuài chē le.

（わかりました。今後スピードは出しません。）

ポイント

1．没什么

相手が病気やけがなどの状態を気遣って「どうしましたか」と尋ねられた時に答える挨拶用語で「なんでもありません」「大したことはない」「大丈夫です」などの意味である。

2．有（一）点儿

副詞 "**有（一）点儿**" は、動詞または形容詞の前に用いて程度の低いことを示し「少し」「ちょっと」「いささか」などの意味を表す。"**有（一）点儿**" が動詞の前に用いられると、その動詞は消極的・否定的な意味を表す場合が多い。

1．他有（一）点儿发烧。　（彼は少し熱がある。）
2．他说的话我**有点儿**听不明白。
（彼の話はあまりよく分からない。）

3．别

副詞 "**别**" は動詞や形容詞の前に用いて禁止や制止を表す。"**不要**" と同じ意味である。

1．你**别**说话。　　（話はやめてください。）
2．你们**别**担心。　（みなさん心配しないでください。）

4．对

介詞"**对**"は人称代詞や名詞（連語）の前に用いて、人あるいは事柄の間の関係を明らかにする意味があり、「…に対して」という意味になる。

1．大家**对**我很热情。　（みなさんは私にとても親切です。）
2．这**对**你也许合适。
 （これはあなたにちょうどよいかも知れない。）

5．得

能願動詞"**得**"は"děi"と発音し、「…しなければならない」「…すべきだ」などの意味を表す。

1．这件事**得**你来做。　（この事はあなたがやるべきだ。）
2．这件事你**得**跟大家商量。
 （この事はみんなに相談すべきだ。）

6．没关系

"**没关系**"は、相手が自分におわびを言ったり心配してくれた時に使う用語で、「たいしたことはないから気にしないで下さい」という意味である。

1．对不起，打扰你了。　　（おじゃましてすみません。）
   没关系。　　　　　　　（どういたしまして。）
2．要下雨了，你别回去了。
  （雨が降りそうだから、帰らないほうがよい。）
   没关系。路不远。　（大丈夫です。近いですから。）

7. 結果補語

結果補語は動作の結果を説明する補語をいう。結果補語は動詞あるいは形容詞がよく用いられる。"**骑快**"は「自転車をこいでスピードを上げる」意味である。

1. 你的话我听**明白**了。 （あなたの話はよく分かった。）
2. 那本书已经卖**完**了。 （あの本はすでに売り切れた。）

8. 存現文

存現文は、人や物がある場所あるいは時間内に存在・出現・消失することを表す文をいう。この構文は「場所語（時間詞）＋動詞＋人・物」の語順となる。"**大学前边出交通事故了**"は「大学の前で交通事故が起きた」という意味で交通事故が発生したことを述べている。

1. 桌子上有一本汉日词典。
   （存在）（机の上に中日辞典がある。）
2. 前边来了一辆出租车。
   （出現）（前からタクシーが来た。）
3. 上星期走了一个日本学生。
   （消失）（先週日本の学生が1人帰った。）

9. 啊

語気助詞"**啊**"は文末に用いられて、各種の語気を表す。ここでは注意を促したり念を押したりするときに用いる。

1. 快点儿说**啊**！ （早く言いなさい。）
2. 你说得对**啊**！ （おっしゃるとおりです。）

練習問題

1．単語を入れ替えて、日本語に訳しなさい。

你别抽烟了。　　你骑车骑得太快了。

| 喝酒 |
| 去那儿 |
| 说话 |
| 骑快车 |

写字	写	慢
睡觉	睡	晚
起床	起	早
说汉语	说	快

2．日本語の意味になるように、単語を並び替えて文を作りなさい。

1．今日は少し暑い。
　　热　今天　有点儿

2．私は自転車で公園に行きたい。
　　车　想　公园　我　去　骑

3．私は誰にも不満はない。
　　对　意见　我　没　都　谁

4．前から車が１台やって来た。
　　开来　前边　了　汽车　一辆

5．中国人の友達が私たちの寮に来た。
　　到　来　中国　我们　朋友　宿舍　了

語　釈

怎么（了）	[代] zěnme	どうしましたか	
有点儿	[副] yǒudiǎnr	少し	
咳嗽	[動] késou	せきをする	
抽烟	[動] chōuyān	タバコを吸う	
每天	[名] měitiān	毎日	
对	[介] duì	…に対して、…について	
舒服	[形] shūfu	気分がよい	
习惯	[動] xíguàn	慣れる	
试	[動] shì	試す	
药	[名] yào	薬	
得	[能] děi	…しなければならない	
快	[形] kuài	速い	
技术	[名] jìshù	技術	
说（话）	[動] shuō	話す	
睡觉	[動] shuìjiào	眠る	

第19课 我们出去玩儿玩儿吧。
Dì shíjiǔ kè Wǒmen chūqu wánrwanr ba.

(一)

A：这 两 天 天气 很 好。我们 出去 玩儿玩儿 吧。
　　Zhè liǎng tiān tiānqì hěn hǎo. Wǒmen chūqu wánrwanr ba.
　　(この２、３日天気がいいですが、遊びに出かけませんか。)

B：去 哪儿 玩儿, 好 呢？
　　Qù nǎr wánr, hǎo ne?
　　(どこに遊びに行けばよいですか。)

A：去 北海 公园, 看看 花, 划划 船, 多 好 啊！
　　Qù Běihǎi gōngyuán, kànkan huā, huáhua chuán, duō hǎo a!
　　(北海公園に行って、花を見たりボートをこいだりすればとても楽しいですよ。)

B：上星期 我 去过 了, 去 别的 地方 吧。
　　Shàngxīngqī wǒ qùguo le, qù biéde dìfang ba.
　　(先週、私は行ったので別の所に行きましょう。)

A：去 动物园 怎么样？
　　Qù dòngwùyuán zěnmeyàng?
　　(動物園に行ってはどうですか。)

B：行, 还 可以 看看 熊猫 呢。
　　Xíng, hái kěyǐ kànkan xióngmāo ne.
　　(いいですね、パンダを見ることもできますね。)

A：什么 时候 去？
Shénme shíhou qù?
（いつ行きますか。）

B：星期天 吧。
Xīngqītiān ba.
（日曜日にしましょう。）

(二)

A：你 认识 木下 一郎 吗？
Nǐ rènshi Mùxià yīláng ma?
（あなたは木下一郎さんを知っていますか。）

B：当然 认识。去年 他 在 这儿 学过 汉语。
Dāngrán rènshi. Qùnián tā zài zhèr xuéguo Hànyǔ.
（もちろん知っています。去年、彼はここで中国語の勉強をしていました。）

A：你 知道 吗？ 明天 他 来 北京。
Nǐ zhīdao ma? Míngtiān tā lái Běijīng.
（ご存じですか。明日、彼は北京に来ます。）

B：不 知道。他 上午 到 还是 下午 到？
Bù zhīdao. Tā shàngwǔ dào háishi xiàwǔ dào?
（知りませんでした。彼は午前に着くのですか、それとも午後に着くのですか。）

A：下午 两 点，我 去 机场 接 他。
Xiàwǔ liǎng diǎn, wǒ qù jīchǎng jiē tā.
（午後2時です。私は彼を迎えに空港に行きます。）

B：明天 下午 没有 课，我 跟 你 一起 去。
Míngtiān xiàwǔ méiyǒu kè, wǒ gēn nǐ yìqǐ qù.
（明日午後は授業がないので、あなたと一緒に行きましょう。）

A：好 的。
Hǎo de.
（わかりました。）

B：怎么 去？
Zěnme qù?
（どうやって行きますか。）

A：坐 车 去，一 点 我 去 叫 你。
Zuò chē qù, yì diǎn wǒ qù jiào nǐ.
（バスで行きます。1時にあなたを呼びに行きます。）

ポイント

1. 这两天

"**这两天**"は「この2、3日」「最近」の意味で、"**两**"は概数や不定数量を表す。

2. 単純方向補語（1）

動詞の後に方向動詞"**来**""**去**"が用いられ、動作の方向を表す補語を方向補語という。動作が話し手の方向に向って行われる場合は"**来**"を用い、それと反対の方向に向って行われる場合は"**去**"を用いる。"**来**""**去**"だけで動作の方向を表す補語を単純方向補語という。

1．小王，快下**来**！ （王君、早く下りて来なさい。）
2．上课了，快进**去**吧。
（授業が始まるよ、早く入りなさい。）

3．多＋形容詞＋啊

人の感情を強く表す文を感嘆文という。人の感情は喜び・悲しみ・驚き・賛美などさまざまであるが、違った感情は違った感嘆文で表現される。この"**多…啊**"の形は賛美を表し「なんと…だろう」「とても…だ」という意味になる。

1．这个城市**多**大**啊**！ （この町はなんと大きいのだろう。）
2．这儿的风景**多**美**啊**！
（ここの景色はとてもすばらしい。）

4．動詞＋过＋了

この構文は動作がすでに実現したことを表すが、語気助詞"**了**"は新しい状況を確認する意味がある。

1．我吃过**了**。 （私はもう食べました。）
2．我已经给他打过电话**了**。
（私はすでに彼に電話をした。）

5．可以

この"**可以**"は可能を表す能願動詞で、動詞の前に用いてそのような動作が出来ることを示す。

1．我明天**可以**再来一趟。
（私は明日もう1度来られます。）

2．这个房间**可以**住两个人。（この部屋は2人住める。）

6．跟…一起

　介詞"**跟**"は「一緒に」「…と共に」などの意味で、すぐ後に人称代詞や人を指す名詞と結合し状語として用いられるとある動作を一緒にすることを表す。この場合"**一起**"と呼応して「**跟**…**一起**」という形で用いられる。

　　1．我**跟**你**一起**去。（私はあなたと一緒に行きます。）
　　2．你**跟**我们**一起**回国。
　　（私たちと一緒に帰国しましょう。）

7．連動文

　連動文には、前の動詞が後の動詞の手段や方法を説明するものがある。

　　1．我**坐**火车**去**上海。（私は汽車でよく上海に行く。）
　　2．他**用**圆珠笔**写**字。（彼はボールペンで字を書く。）

練習問題

1. 単語を入れ替えて、日本語に訳しなさい。

这两天天气很好。

| 我没事 |
| 他很忙 |
| 他们有考试 |
| 小王身体不好 |

他上午到还是下午到？

今天	明天
这个星期	下个星期
早上	晚上
这个月	下个月

2．日本語の意味になるように、単語を並び替えて文を作りなさい。

1．私たちは一緒に５年働いた。
　　一起　五年　我们　了　工作

2．あなたのほしい物は買って来なかった。
　　东西　买　的　我　没　你　来　要

3．私は友達に会いに北京大学へ行く。
　　北京大学　朋友　去　我　看

4．私は日曜日に上海へ行きたい。
　　星期天　上海　想　去　我

5．あなたは今年帰国しますか、それとも来年帰国しますか。
　　今年　还是　回国　你　回国　明年

語　釈

天气	[名] tiānqì	天気		明天	[名] míngtiān	明日
出去	[動] chūqu	出ていく		坐	[動] zuò	座る
划	[動] huá	(小舟を)こぐ		叫	[動] jiào	呼ぶ、声をかける
熊猫	[名] xióngmāo	パンダ		考试	[名] kǎoshì	試験
下午	[名] xiàwǔ	午後		这个月	[名] zhègeyuè	今月
到	[動] dào	到着する		下个月	[名] xiàgeyuè	来月
机场	[名] jīchǎng	空港				

第20課 Dì èrshí kè 今天天气真冷。
Jīntiān tiānqì zhēn lěng.

(一)

A：今天 天气 真 冷。
　　Jīntiān tiānqì zhēn lěng.
　（今日はほんとうに寒いですね。）

B：是 啊，今天 比 昨天 冷。
　　Shì a, jīntiān bǐ zuótiān lěng.
　（そうですね。今日は昨日より寒い。）

A：这儿 的 天气，你 习惯 了 吗？
　　Zhèr de tiānqì, nǐ xíguàn le ma?
　（こちらの気候に慣れましたか。）

B：还 不 太 习惯 呢。这儿 比 东京 冷 多 了。
　　Hái bú tài xíguàn ne. Zhèr bǐ Dōngjīng lěng duō le.
　（まだあまり慣れていません。ここは東京よりもずっと寒いです。）

A：你们 那儿 冬天 不 太 冷 吗？
　　Nǐmen nàr dōngtiān bú tài lěng ma?
　（あなた方のところは冬はあまり寒くないのですか。）

B：是的。气温 比 这儿 高 五、六 度。
　　Shìde. Qìwēn bǐ zhèr gāo wǔ、liù dù.
　（そうです。気温はここより5、6度は高いです。）

155

A：东京 下雪 吗？
　　Dōngjīng xiàxuě ma？
　　（東京は雪が降りますか。）

B：很 少 下雪。有时侯 下雨。
　　Hěn shǎo xiàxuě. Yǒushíhou xiàyǔ.
　　（めったに降りません。雨は降ることはあります。）

A：天气 预报 说，明天 有 大 风，比 今天 还 冷 呢。
　　Tiānqì yùbào shuō, míngtiān yǒu dà fēng, bǐ jīntiān hái lěng ne.
　　（天気予報によりますと、明日は強風で今日よりもとても寒いそうですよ。）

B：是 吗？
　　Shì ma？
　　（そうですか。）

A：你 要 多 穿 衣服，别 感冒 了。
　　Nǐ yào duō chuān yīfu, bié gǎnmào le.
　　（多めに着込んで風邪を引かないようにして下さい。）

（二）

A：张 老师，北京 的 夏天 热 吗？
　　Zhāng lǎoshī, Běijīng de xiàtiān rè ma？
　　（張先生、北京の夏は暑いですか。）

B：不 太 热，大概 三十二、三 度。你们 那儿 跟
　　Bú tài rè, dàgài sānshí'èr、sān dù. Nǐmen nàr gēn

这儿 一样 吗？
zhèr yíyàng ma？

（それほど暑くはありません。32、3度です。君たちのところはここと同じですか。）

A：不 一样，夏天 不 热，冬天 很 冷。
　　Bù yíyàng, xiàtiān bú rè, dōngtiān hěn lěng.
（違います。夏は暑くなく冬は寒いです。）

B：有 多 冷？
　　Yǒu duō lěng？
（どれくらい寒いですか。）

A：零下 十 多 度。
　　Língxià shí duō dù.
（零下10数度です。）

B：真 冷 啊！
　　Zhēn lěng a！
（ほんとうに寒いのですね。）

A：可是，我 喜欢 冬天。
　　Kěshì, wǒ xǐhuan dōngtiān.
（しかし、私は冬が好きです。）

B：为 什么？
　　Wèi shénme？
（どうしてですか。）

A：可以 滑冰 滑雪。
　　Kěyǐ huábīng huáxuě.
（スケートやスキーができるからです。）

ポイント

1. "比"を用いた比較文

"比"を用いた比較文は、2つの事柄の性質や特徴などにどのような差があるかを表す。この構文は「名詞（代詞）＋**比**＋名詞（代詞）＋比較の結果」の語順となる。

1．他**比**我忙。　　　　　（彼は私より忙しい。）
2．今天**比**昨天暖和。　（今日は昨日より暖かい。）

この構文は、事柄の差をより具体的に表すことができる。比較した結果、差が大きければ"**多了**""**得多**"など程度補語を用いて説明する。

3．他**比**我高**多了**。　（彼は私よりもずっと背が高い。）
4．今年冬天**比**去年冷**多了**。
　　（今年の冬は昨年よりもずっと寒い。）

また両者の差を数量で具体的に表すときは、動詞や形容詞の後に数量補語を用いる。

5．我**比**他早来**五分钟**。　（私は彼より5分早く来た。）
6．他**比**我大**三岁**。　　　　（彼は私より3つ年上だ。）

更に、この構文は、差の程度を強調するには副詞"**还**""**更**"を形容詞の前に用いる。

  7．她**比**我来得**还**早。 （彼女は私よりもずっと早く来た。）
  8．弟弟**比**他**更**努力。 （弟は彼よりもさらに努力する。）

2．数量補語

 介詞"**比**"を用いて比較する文で、2つの事柄の差を数量ではっきり示したい場合は、述語の後に数量補語を用いる。

  1．我**比**弟弟高**五公分**。 （私は弟より5センチ背が高い。）
  2．我家**比**他家多**三口人**。
   （私の家族は彼の家族より3人多い。）

3．有时侯

 副詞"**有时侯**"は「ときには」「…することがある」などの意味で、単独で使うこともあれば、また2つくり返して使うこともある。

  1．**有时侯**我也吃饺子。 （時には私も餃子を食べます。）
  2．他**有时侯**抽烟，有时侯不抽烟。
   （彼はたばこを吸うときもあれば、吸わないときもある。）

4．跟…一样

 "**跟**…**一样**"は比較文に用いられる構文で、2つの事柄や2人の人を比較した結果、同じであることを表す。"**跟**"の後に比較の対象となる事柄や人を導き、形容詞"**一样**"は述語となる。

1．我的词典**跟**你的**一样**。
   （私の辞書はあなたのと同じです。）
2．她**跟**我的意见**一样**。　（彼女は私の意見と同じです。）

練習問題

1. 単語を入れ替えて、日本語に訳しなさい。

今天比昨天冷。

我弟弟	我	高
这本书	那本书	旧
这件衣服	那件	大
北京的冬天	东京	冷

这儿比东京冷多了。

这儿	那儿	凉快
这条路	那条路	远
这本书	那本书	难
这个歌	那个歌	好听

2．日本語の意味になるように、単語を並び替えて文を作りなさい。

1．私は彼よりも2歳年上だ。
比　两　我　大　他　岁

2．私は彼と雑談することがある。
跟　有时侯　他　聊聊天儿　我

3．彼は私よりも歌が上手である。
唱歌　好　得　他　比　唱　我

4．弟も私と同じく学生です。
一样　学生　弟弟　也　我　跟　是

5．今日彼はあまり楽しくなさそうだ。
好像　高兴　今天　不太　他

語　釈

冷	[形] lěng	寒い
比	[介] bǐ	…に比べて
多	[形] duō	（形容詞の後に付けて）ずっと
冬天	[名] dōngtiān	冬
气温	[名] qìwēn	気温
下雪	[動] xiàxuě	雪が降る
有时侯	[副] yǒushíhou	時には、たまには
下雨	[動] xiàyǔ	雨が降る
预报	[名] yùbào	予報
夏天	[名] xiàtiān	夏
热	[形] rè	暑い
大概	[副] dàgài	おおかた
跟…（一样）	[介] gēn…(yíyàng)	…と（同じ）
零下	[名] língxià	零下
喜欢	[動] xǐhuan	好きである
滑冰	[動] huábīng	スケートをする
滑雪	[動] huáxuě	スキーをする
衣服	[名] yīfu	服
条	[量] tiáo	道を数える量詞
路	[名] lù	道、道路
好听	[形] hǎotīng	耳に心地よい、美しい
聊天	[動] liáotiān	雑談する
唱歌	[動] chànggē	歌を歌う
好像	[動] hǎoxiàng	まるで…のようだ

第21課 让你久等了。
Dì èrshíyī kè　Ràng nǐ jiǔ děng le.

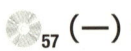

(一)

A：对不起，让你久等了。
　　Duìbuqǐ, ràng nǐ jiǔ děng le.
　　(すみません、長らくお待たせしました。)

B：我们约好八点，你怎么八点半才来？
　　Wǒmen yuēhǎo bā diǎn, nǐ zěnme bā diǎn bàn cái lái?
　　(私たちは8時に約束したのに、どうして8時半に来たのですか。)

A：真抱歉，我来晚了。半路上我的自行车坏了。
　　Zhēn bàoqiàn, wǒ láiwǎn le. Bànlù shàng wǒ de zìxíngchē huài le.
　　(申しわけありません。遅くなりました。途中で自転車が故障したのです。)

B：修好了吗？
　　Xiūhǎo le ma?
　　(修理しましたか？)

A：修好了。
　　Xiūhǎo le.
　　(修理しました。)

B：我想你可能不来了。
　　Wǒ xiǎng nǐ kěnéng bù lái le.
　　（私はあなたが来られなくなったのかと思いました。）

A：说好的，我怎么能不来呢？
　　Shuōhǎo de, wǒ zěnme néng bù lái ne?
　　（約束したのに、どうして来ないことがありましょうか。）

B：我们快进电影院去吧。
　　Wǒmen kuài jìn diànyǐngyuàn qu ba.
　　（私たちは早く映画館に入りましょう。）

A：好。
　　Hǎo.
　　（はい。）

（二）

A：刘京，还你词典，用得时间太长了，请原谅！
　　Liú jīng, huán nǐ cídiǎn, yòng de shíjiān tài cháng le, qǐng yuánliàng!
　　（劉京さん、辞書をお返しします。長い間借りてすみませんでした。）

B：没关系，你用吧。
　　Méi guānxi, nǐ yòng ba.
　　（かまいません、使って下さい。）

A：谢谢，不用了。星期天我买到一本新小说。
Xièxie, bú yòng le. Xīngqītiān wǒ mǎidào yì běn xīn xiǎoshuō.
(ありがとう、もういりません。私は日曜日に新しい小説を1冊買いました。)

B：英文的还是中文的？
Yīngwén de háishi Zhōngwén de?
(英語のものですか、それとも中国語のものですか。)

A：英文的。很有意思。
Yīngwén de. Hěn yǒu yìsi.
(英語のものです。とても面白いです。)

B：我能看懂吗？
Wǒ néng kàndǒng ma?
(私は読めますか。)

A：你英文学得不错，我想能看懂。
Nǐ Yīngwén xué de bú cuò, wǒ xiǎng néng kàndǒng.
(あなたは英語がよくできるので、読めると思います。)

B：那借我看看，行吗？
Nà jiè wǒ kànkan, xíng ma?
(それでは私に貸して読ませて下さい。)

A：当然可以。
Dāngrán kěyǐ.
(もちろん、いいですよ。)

ポイント

1．"让"を用いた兼語文

この兼語文は、前の動詞に使役の意味をもつ"**让**"を用いて、後の動詞は使役の結果を説明する。

1．妈妈**让**他写信。
　　（お母さんは彼に手紙をかかせます。）
2．老师**让**我们听录音。
　　（先生は私たちに録音テープを聞かせます。）

2．結果補語

結果補語は動作の結果を説明する補語をいう。結果補語は動詞・形容詞が用いられる。

結果補語"**好**"は動作の完了を表すと同時に動作の結果が立派な状態であることを示す。

1．入学的手续都办**好**了。
　　（入学手続はすっかり終わりました。）
2．我一定要学**好**中文。
　　（私は必ず中国語をマスターする。）

3．才

話し手がある動作が遅い、あるいは順調に進んでいないと感じたときには述語の前に"**才**"を用いる。

1．八点上课，他八点半**才**来。
　　（8時に授業が始まるのに、彼は8時半になってやって来た。）

2．住了一个月的医院病**才**好。
　　（1ヶ月入院して病気はやっと治った。）

4．可能

　副詞"**可能**"は、ここでは話し手の推測を表す。

1．他**可能**去教室了。
　　（彼は教室に行ったかも知れません。）

2．下午**可能**会下雨。
　　（午後は雨が降るかも知れません。）

5．怎么（能）

　"**怎么**"は反語文に用いられて強調を表す。肯定文の中に用いられると、ある事柄に対して否定を強調する。"**怎么**"を用いた反語文はよく能願動詞"**能**"と連用してその可能性を強く否定する「どうして…することができようか」「…することはできない」などの意味になる。

1．好朋友邀请你，我**怎么能**不去。
　　（親友に招待されたのだから、どうして行かないことがあろうか。）

2．碰上这么大的事，我**怎么能**入睡？
　　（こんな大きな事件に遭遇したのだから、どうして寝つかれようか。）

6．単純方向補語（2）

単純方向補語をともなった動詞が目的語をとる場合は、その目的語が場所語であれば、動詞と方向補語の間に置かれる。

1．他**回宿舎去**了。　（彼は寮に帰った。）
2．你快**下楼来**吧。　（はやく１階に下りて来なさい。）

7．行吗

"**行吗**"は追加疑問文の一種で、文末に用いると、相手に同意を求めたり確認したりする。

1．我这样写，**行吗**？
　（このように書いてもよろしいでしょうか。）
2．我也去参加晚会，**行吗**？
　（私もパーティーに出席してもいいですか。）

練習問題

1．単語を入れ替えて、日本語に訳しなさい。

我们快进电影院去吧。

| 回家 |
| 进教室 |
| 进食堂 |
| 回学校 |

星期天我买到一本新小说。

件	毛衣
辆	自行车
架	照相机
支	钢笔

2．次の（ ）に適当な語句を選んで入れなさい。

1．你怎么现在（　　）吃饭？
2．请大家坐（　　），开始上课。
3．他（　　）还会记得这件事。
4．（　　）他去玩儿吧，别管他。
5．上课了，老师（　　）教室来了。

（可能　进　好　才　让）

語　釈

对不起	duìbuqǐ	申し訳がたたない
让	[動] ràng	…させる
久	[形] jiǔ	時間が長い
等	[動] děng	待つ
约	[動] yuē	約束する
才	[副] cái	やっと、ようやく
抱歉	[動] bàoqiàn	申し訳なく思う
来晚	[動] láiwǎn	遅刻する
半路	[名] bànlù	道の途中
修	[動] xiū	修理する
可能	[副] kěnéng	…かも知れない
说好	[動] shuōhǎo	約束する
进	[動] jìn	中に入る
电影院	[名] diànyǐngyuàn	映画館
有意思	[連] yǒuyìsi	おもしろい
懂	[動] dǒng	分かる
毛衣	[名] máoyī	セーター
自行车	[名] zìxíngchē	自転車
钢笔	[名] gāngbǐ	ペン、万年筆

Dì èrshí'èr kè 第22課 好久不见了。
Hǎo jiǔ bú jiàn le.

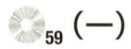

(一)

A：周 先生，好 久 不 见 了。
　　Zhōu xiānsheng, hǎo jiǔ bú jiàn le.
　　（周さん、しばらくでした。）

B：好 久 不 见 了。你 学习 忙 不 忙？
　　Hǎo jiǔ bú jiàn le. Nǐ xuéxí máng bu máng?
　　（しばらくでした。勉強が忙しいですか。）

A：比较 忙。周 先生，您 上 个 月 去 哪儿 了？
　　Bǐjiào máng. Zhōu xiānsheng, nín shàng ge yuè qù nǎr le?
　　（わりに忙しいです。周さんは先月どちらへ行かれたのですか。）

B：我 去 上海 出差 了。
　　Wǒ qù Shànghǎi chūchāi le.
　　（私は出張で上海へ行きました。）

A：上海 怎么样？
　　Shànghǎi zěnmeyàng?
　　（上海はどうでしたか。）

B：上海 很 好。以后 我 给 你 介绍。
　　Shànghǎi hěn hǎo. Yǐhòu wǒ gěi nǐ jièshào.
　　（上海はとてもよかったです。後であなたに話してあげます。）

A：好。
　　Hǎo.
　　（そうですか。）

B：山本，你瘦了。学习很累吧？
　　Shānběn, nǐ shòu le. Xuéxí hěn lèi ba?
　　（山本さん、痩せましたね。勉強で疲れたのでしょう。）

A：还可以。
　　Hái kěyǐ.
　　（まあまあです。）

B：你的房间有电话吗？
　　Nǐ de fángjiān yǒu diànhuà ma?
　　（あなたの部屋に電話がありますか。）

A：有。我的电话号码是五三二六七九四八。
　　Yǒu. Wǒ de diànhuà hàomǎ shì wǔ sān èr liù qī jiǔ sì bā.
　　（あります。私の電話番号は53267948です。）

（二）

A：安娜，你去哪儿了？
　　Ānnà, nǐ qù nǎr le?
　　（アンナさん、どこへ行ったのですか。）

B：我去王红家了。
　　Wǒ qù Wáng Hóng jiā le.
　　（私は王紅さんの家に行きました。）

A：小李告诉我，你找我。
　　Xiǎo Lǐ gàosu wǒ, nǐ zhǎo wǒ.
　　（あなたが私をさがしていると李さんが言っていました。）

B：是 的，有些 练习 我 不 会 做，想 问问 你。
　　Shì de, yǒuxiē liànxí wǒ bú huì zuò, xiǎng wènwen nǐ.

　　你 不 在，我 就 去 问 王 红 了。
　　Nǐ bú zài, wǒ jiù qù wèn wáng Hóng le.
　　(そうです。私のできない練習問題がいくつかあるのであなたに尋ねようと思っていたのです。あなたが留守だったので王紅さんに尋ねに行ったのです。)

A：现在 会 做 了 吧？
　　Xiànzài huì zuò le ba?
　　(もう出来るようになったのでしょう。)

B：会 做 了。你 刚才 去 哪儿 了？
　　Huì zuò le. Nǐ gāngcái qù nǎr le?
　　(出来るようになりました。さきほどどこへ行っていたのですか。)

A：一 个 同学 病 了，我 去 看 她 了。
　　Yí ge tóngxué bìng le, wǒ qù kàn tā le.
　　(友達が病気だったのでお見舞いに行っていました。)

ポイント

1．给

介詞"**给**"は、ここでは動作の対象を示す機能をもつ。また"**给**"は"**为**"「…のために」"**替**"「…のために」の意味に近くなり、利益を受ける相手を示す。

　　1．我**给**他打了一个电话。　（私は彼に電話をかけた。）
　　2．我**给**你当翻译吧。　　　（私が通訳いたしましょう。）

2．吧（3）

この語気"**吧**"は、文末に用いてある事柄についてすでに推測しているが、その内容に確信がもてないので問いかけの形で相手に確認することを表す。

　　1．他不懂中文**吧**？　（彼は中国語が分からないでしょう。）
　　2．你最近很忙**吧**？　（あなたは最近忙しいでしょう。）

3．还可以

"**还可以**"は述語に用いられると「まあまあです」「悪くない」「普通です」などの意味を表す。

　　1．这本书**还可以**。　　　（この本はまあまあです。）
　　2．今天的天气**还可以**。　（今日の天気は悪くありません。）

　また"**还可以**"は単独で質問の答えとしても使える。

　　3．你身体好吗？　（お元気ですか。）
　　　　还可以。　　　　（まあまあです。）

4．語気助詞"了"

語気助詞"**了**"は文末に用いられると、ある事柄や状況がすでに発生したことを確認する。

1．我去商店**了**。　（私は商店に行きました。）
2．他买苹果**了**。　（彼はリンゴを買いました。）

この"**了**"は、動詞述語も目的語も修飾語がつかず、それぞれ単独で用いられる場合に多く用いられる。

練習問題

1. 単語を入れ替えて、日本語に訳しなさい。

   有些<u>练习</u>我不<u>会做</u>。　　我去<u>看她</u>了。

东西	买
语法	懂
汉字	认识
杂志	看

吃饭
打电话
买东西
听音乐

2. 次の（ ）に適当な語句を選んで入れなさい。

   1. 昨天你去哪儿（　　）？
   2. （　　）语法我不懂。
   3. 他是有什么困难（　　）？
   4. 家里（　　），他寄来几件衣服。
   5. 这个汉字（　　），不太难写。

   （了　给　吧　有些　还可以）

語 釈

比较 [副] bǐjiào わりに
上个月 [名] shànggeyuè 先月
出差 [動] chūchāi 出張する
给 [介] gěi …に
介绍 [動] jièshào 説明する
瘦 [形] shòu やせている
累 [形] lèi 疲れる
房间 [名] fángjiān 部屋
电话 [名] diànhuà 電話

号码 [名] hàomǎ 番号
告诉 [動] gàosu 知らせる
有些 [副] yǒuxiē 少し
问 [動] wèn 尋ねる
刚才 [副] gāngcái たった今
杂志 [名] zázhì 雑誌
困难 [名] kùnnan 困難、難題
寄 [動] jì 郵送する

第23课 Dì èrshísān kè

你的房间又干净又漂亮。
Nǐ de fángjiān yòu gānjìng yòu piàoliang.

(一)

A：你 的 房间 布置 得 好 极 了。
　　Nǐ de fángjiān bùzhì de hǎo jí le.
（あなたの部屋はとてもきれいにしつらえてありますね。）

B：哪儿 啊，马马虎虎。
　　Nǎr a, mǎma-hūhū.
（そんなことはありません。適当にしてあります。）

A：桌子 放在 这儿，写 字 看 书 都 很 好。
　　Zhuōzi fàngzài zhèr, xiě zì kàn shū dōu hěn hǎo.
（机がここに置いてあれば、字を書いたり本を読んだりするのに好都合ですね。）

B：你看，衣柜 放在 床 旁边，怎么样？
　　Nǐkàn, yīguì fàngzài chuáng pángbiān, zěnmeyàng？
（ねえ、タンスをベットのそばに置きましたが、どうでしょうか。）

A：很 好。拿 东西 很 方便。这 张 画儿 真 美！
　　Hěn hǎo. Ná dōngxi hěn fāngbiàn. Zhè zhāng huàr zhēn měi！
（とてもよいです。物を取るのに便利ですよ。この画はとてもきれいですね。）

B：是 吗？ 刚 买 的。
　　Shì ma？ Gāng mǎi de.
（そうですか。買ったばかりです。）

A：你 的 房间 又 干净 又 漂亮。今天 谁 来 啊？
　　Nǐ de fángjiān yòu gānjìng yòu piàoliang. Jīntiān shuí lái a?
　　（あなたの部屋は清潔できれいですね。今日は誰が来るのですか。）

B：没有 人 来。新年 快 到 了。
　　Méiyǒu rén lái. Xīnnián kuài dào le.
　　（誰も来ませんよ。もうすぐ正月ですからね。）

A：啊！明天 晚上 有 舞会。
　　A! Míngtiān wǎnshang yǒu wǔhuì.
　　（あ、明日の夕方ダンスパーティーがあります。）

B：真 的？ 那 明天 晚上 我们 都 去 跳舞 吧。
　　Zhēn de? Nà míngtiān wǎnshang wǒmen dōu qù tiàowǔ ba.
　　（ほんとうですか。それでは明日の夕方、私たちはダンスをしに行きましょう。）

(二)

A：你 今天 穿 得 真 漂亮！
　　Nǐ jīntiān chuān de zhēn piàoliang!
　　（あなたは今日きれいに着飾っていますね。）

B：是 吗？ 过 新年 了 嘛。你 的 衣服 更 漂亮，在 哪儿 买 的？
　　Shì ma? Guò xīnnián le ma. Nǐ de yīfu gèng piàoliang, zài nǎr mǎi de?
　　（そうですか。もう正月ですからね。あなたの服の方がきれいです。どこで買ったのですか。）

A：不是买的，是我妈妈做的。
　Bú shì mǎi de, shì wǒ māma zuò de.
（買ったのではありません。母が作ってくれたのです。）

B：你妈妈的手真巧，衣服的样子也很好。
　Nǐ māma de shǒu zhēn qiǎo, yīfu de yàngzi yě hěn hǎo.
（あなたのお母さんはとても器用ですね。服のデザインもすてきです。）

A：我也觉得不错。
　Wǒ yě juéde bú cuò.
（私も悪くないと思っています。）

C：我很喜欢这个颜色。
　Wǒ hěn xǐhuan zhège yánsè.
（私はこの色がとても好きです。）

B：要是你喜欢，就给你女朋友做一件。
　Yàoshi nǐ xǐhuan, jiù gěi nǐ nǚpéngyou zuò yí jiàn.
（あなたが気に入ったら、ガールフレンドに作ってあげましょう。）

C：我还没有女朋友呢。
　Wǒ hái méiyǒu nǚpéngyou ne.
（私はまだガールフレンドはいませんよ。）

ポイント

1．极了

"**极了**"は形容詞や心理活動を表す動詞の後に置かれて「程度が最高に達している」ことを表す。

1．我今天累**极了**。 （今日はほんとうに疲れた。）
2．这房间大**极了**。 （この部屋はとても大きい。）

2．哪儿啊

相手にほめられた時に謙遜して否定する時に"**哪儿啊**"「そんなことはありません」と答える。この場合"**哪里**"とも言う。

3．形容詞の重ね型

"**马马虎虎**"は二音節形容詞"**马虎**"が重ねられた形で、「いいかげんである」という意味を強調している。

1．**高高兴兴** （とてもうれしい。）
2．**漂漂亮亮** （とてもきれいである。）

4．結果補語"在"

介詞"**在**"が動詞の後に用いられると動作が行われた結果、その動作がどのような場所にとどまるかを表す。

1．他一直住**在**北京。 （彼はずっと北京に住んでいる。）
2．她把名字写**在**本子上。
（彼女は名前をノートに書いた。）

5．又…又…

　"**又**…**又**…"という構文は、2つ以上の事柄・状況・動作が同時に存在することを強調する場合に用いられる。

　　1．这房间**又**大**又**明亮。　（この部屋は大きくて明るい。）
　　2．他**又**会英文**又**会中文。
　　　（彼は英語もできるし、中国語もできる。）

6．"**有**"を用いた兼語文

　この兼語文は、先に動詞"**有**"を用いて、その目的語（兼語）に不特定の人を指す名詞が多く用いられる。否定形は"**没有**"を兼語の前に用いる。

　　1．明天**有**朋友来看我。
　　　（明日、友達が私に会いに来ます。）
　　2．今天**没有**人上课。　（今日は誰も授業に出ない。）

7．**嘛**

　語気助詞"**嘛**"は文末に用いられて、話し手が「当然そうだ」と確信をもって述べたり、あるいは明らかにそうすべきだという気持ちを表す。

　　1．这本来就是你的错**嘛**。
　　　（これはもともとあなたの間違いだ。）
　　2．有病就去医院看看**嘛**。
　　　（病気だったら病院で診てもらいなさい。）

8. 是…的

この構文は肯定あるいは強調の語気を表す。"**是…的**"の間には動詞連語や主述連語が用いられるが、"**是…的**"が省略されても文の基本的な意味は変らない。

1. 他**是**相信你**的**。　　（彼はあなたを信じている。）
2. 我**是**不会汉语**的**。　（私は中国語はできません。）

9. 要是…就…

"**要是**"は仮定を表す接続詞で副詞"**就**"と呼応する。前の文に"**要是**"を用いて仮定の条件を述べ、後の文で仮定によって引き出される結論を述べる。

1. 你**要是**有时间，**就**来我家玩儿。
   （もし時間があれば、私の家に遊びに来なさい。）
2. **要是**你想学汉语，**就**到中国去。
   （中国語の勉強がしたければ、中国へ行きなさい。）

練習問題

1. 単語を入れ替えて、日本語に訳しなさい。

你的房间又干净又漂亮。

笔	好用	便宜
自行车	漂亮	好骑
中文书	容易	有意思
纪念邮票	多	好看

这件衣服不是买的，是我妈妈做的。

个	菜	买
张	画儿	买
辆	自行车	买

我自己	做
我朋友	画
我哥哥	借

2. 次の（　）に適当な語句を選んで入れなさい。

1．这列火车（　　）到北京了。
2．昨天玩儿得痛快（　　）。
3．这本书本来就是我的（　　）。
4．那儿的东西又便宜（　　）好。
5．你（　　）有《汉语词典》，就带来。

（嘛　快　又　极了　要是）

語 釈

布置	[動] bùzhì	しつらえる、装飾する	
极了	[副] jíle	とても	
马虎	[形] mǎhu	いいかげんである	
衣柜	[名] yīguì	タンス	
方便	[形] fāngbiàn	便利である	
画儿	[名] huàr	絵	
刚	[副] gāng	今しがた、先ほど	
干净	[形] gānjìng	清潔である	
漂亮	[形] piàoliang	美しい	
快（…了）	[副] kuài	もうすぐ	
舞会	[名] wǔhuì	ダンス・パーティー	
跳舞	[動] tiàowǔ	ダンスをする	
巧	[形] qiǎo	器用である	
样子	[名] yàngzi	デザイン	
颜色	[名] yánsè	色	
要是	[接] yàoshi	もしも	
好用	[連] hǎoyòng	使いやすい	
邮票	[名] yóupiào	切手	

第24课 Dì èrshísì kè

我要回国了。
Wǒ yào huíguó le.

(一)

A：你 好，王 先生。
　　Nǐ hǎo, Wáng xiānsheng.
　　(王さん、こんにちは。)

B：安娜 小姐，好 久 不 见 了。今天 怎么 有
　　Ānnà xiǎojiě, hǎo jiǔ bú jiàn le. Jīntiān zěnme yǒu
　　空儿 来 了？
　　kòngr lái le?
　　(アンナさん、久しぶりですね。どうして暇を見つけて訪ねて来たのですか。)

A：我 来 向 你 告别。
　　Wǒ lái xiàng nǐ gàobié.
　　(私はあなたに別れを告げに来たのです。)

B：你 要 去 哪儿？
　　Nǐ yào qù nǎr?
　　(あなたはどこへ行くのですか。)

A：我 要 回国 了。
　　Wǒ yào huíguó le.
　　(私は帰国します。)

B：日子 过 得 真 快, 你 来 北京 已经 一 年 了。
　　Rìzi guò de zhēn kuài, nǐ lái Běijīng yǐjing yì nián le.

（時間の経つのは早いですね。あなたが北京に来てすでに1年になります。）

A：常 来 打扰 你, 很 过意不去。
　　Cháng lái dǎrǎo nǐ, hěn guòyìbúqù.

（いつもお邪魔してすまないと思っています。）

B：哪儿 的 话, 因为 忙, 对 你 的 照顾 很 不 够。
　　Nǎr de huà, yīnwei máng, duì nǐ de Zhàogù hěn bú gòu.

（そんなことはありません。忙しかったので十分なお世話もできませんでした。）

A：你 太 客气 了。
　　Nǐ tài kèqi le.

（なにをおっしゃいます。）

B：哪 天 走？ 我 去 送 你。
　　Nǎ tiān zǒu？ Wǒ qù sòng nǐ.

（いつ出発されるのですか。あなたを見送りに行きます。）

A：你 那么 忙, 不用 送 了。
　　Nǐ nàme máng, búyòng sòng le.

（あなたはとても忙しいのだから、見送りに来る必要はありません。）

(二)

A：这 次 回国，你 准备 工作 还是 继续 学习？
　　Zhè cì huíguó, nǐ zhǔnbèi gōngzuò háishi jìxù xuéxí?
　　（今回、帰国して仕事をするのですか、それとも続けて勉強するつもりですか。）

B：我 打算 考 研究生，一边 学习，一边 工作。
　　Wǒ dǎsuan kǎo yánjiūshēng, yìbiān xuéxí, yìbiān gōngzuò.
　　（私は大学院を受験して、勉強しながら働くつもりです。）

A：那 很 辛苦 啊。
　　Nà hěn xīnkǔ a.
　　（それは大変ですね。）

B：没 什么，我们 那儿 很 多 人 都 这样。
　　Méi shénme, wǒmen nàr hěn duō rén dōu zhèyàng.
　　（たいしたことはありません。私たちの所では多くの人がこのようにやっています。）

A：你 要 回国 的 事，朋友们 都 知道 了 吗？
　　Nǐ yào huíguó de shì, péngyoumen dōu zhīdao le ma?
　　（あなたが帰国される事を友達はみな知っているのですか。）

B：有的 知道，有的 不 知道。趁 这 两 天 有
　　Yǒude zhīdao, yǒude bù zhīdao. Chèn zhè liǎng tiān yǒu
　　空儿，我 去 向 他们 告别。
　　kòngr, wǒ qù xiàng tāmen gàobié.
　　（知っている人もいますが、知らない人もいます。暇のある２、３日のうちに彼らに別れの挨拶をしに行きます。）

ポイント

1．要

能願動詞"**要**"は動詞の前に置かれて「…したい」「…するつもりだ」という意志や願望を表す。

1．我**要**借一本书。　（私は本を1冊借りたい。）
2．你也**要**去吗？　　（あなたも行きたいですか。）

2．時量補語

持続を表さない"**来**""**下（课）**""**离开**"などの動詞が完了してから経過した時間を表す場合、時量補語が用いられる。動詞に目的語があれば時量補語は目的語の後に置かれる。

1．我来东京已经**两年**了。
　　（私が東京に来てもう2年たちます。）
2．下课**十五分钟**了。　（授業が終って15分たちました。）

3．因为

"**因为**"は接続詞で原因あるいは理由を表す。因果関係の複文では、ふつう前の文に"**因为**"を用い、後の文には"**所以**"を用いる。

1．**因为**有病，我没有来上课。
　　（病気だったので、授業は欠席しました。）
2．**因为**他很用功，学习进步很快。
　　（彼はとても頑張っているので、学習の上達はとてもはやい。）

4．一边…一边…

"**一边…一边…**"は並列関係を表す構文で、2つの動作が同時に行われることを表す。「…しながら…する」という意味に用いられる。

1．他**一边**吃饭，**一边**听音乐。
(彼は食事をしながら音楽を聞いている。)

2．她**一边**听电话，**一边**记。
(彼女は電話を聞きながらメモしている。)

5．**有的**…**有的**…

代詞"**有的**"は定語として名詞を修飾するが、修飾される名詞が分かっている場合、よく省略される。ここの"**有的**"は"**有的朋友**"で"**朋友**"が省略されている。

1．**有的**这样说，**有的**那样说。
(ある人はこう言い、ある人はああ言う。)

2．他的书很多，**有的**是中文的，**有的**是日文的。
(彼の本はたくさんある。中国語のものもあれば日本語のものもある。)

6．趁

介詞"**趁**"は後に名詞・形容詞・動詞連語などを伴って介詞連語を構成し「…を利用して」「…のうちに」「…に乗じて」などの意味を表す。

1．**趁**他不在的时候来。　(彼がいない時に来なさい。)

2．**趁**年轻多学点儿本事。
(若いうちに大いに腕をみがきなさい。)

練習問題

1．単語を入れ替えて、日本語に訳しなさい。

你来北京已经一年了。

我	起床	一刻钟
小王	去日本	三个月
他	离开北京	两年

一边学习，一边工作。

抽烟	谈话
跳舞	唱歌
散步	聊天
喝茶	听音乐

2．次の（ ）に適当な語句を選んで入れなさい。

1．明天我（　）去旅行。
2．他（　）我看了一眼。
3．你（　）北京多长时间了。
4．大家都是熟人，（　）客气。
5．昨天（　）有事，没有去找你。

（来　向　要　因为　不用）

語　釈

語	品詞	ピンイン	意味
空儿	[名]	kòngr	ひま
告别	[動]	gàobié	別れを告げる
日子	[名]	rìzi	日にち
常	[副]	cháng	いつも
打扰	[動]	dǎrǎo	じゃまをする
过意不去		guòyìbuqù	すまなく思う
因为	[接]	yīnwei	…のために
照顾	[動]	zhàogù	世話をする
够	[副]	gòu	十分だ
客气	[形]	kèqi	遠慮深い
送	[動]	sòng	見送る
不用		búyòng	…する必要がない
准备	[動]	zhǔnbèi	…するつもりだ
继续	[動]	jìxù	継続する
打算	[動]	dǎsuan	…するつもりだ
研究生	[名]	yánjiūshēng	大学院生
辛苦	[形]	xīnkǔ	苦労する
有的	[代]	yǒude	ある（人）
离开	[動]	líkāi	離れる
谈话	[動]	tánhuà	互いに話す

第25课 真舍不得你们走。
Dì èrshíwǔ kè　Zhēn shěbude nǐmen zǒu.

(一)

A：回国 的 日子 越来越 近 了。
　　Huíguó de Rìzi yuèláiyuè jìn le.
　　（帰国する日がだんだん近づいてきましたね。）

B：真 舍不得 你们 走。
　　Zhēn shěbude nǐmen zǒu.
　　（あなたがたと別れるのがとてもつらいです。）

C：是 啊，虽然 时间 不 长，但是 我们 的 友谊 很 深。
　　Shì a, suīrán shíjiān bù cháng, dànshì wǒmen de yǒuyì hěn shēn.
　　（そうですね。時間は短かったが私たちの友情は深まりましたね。）

D：我们 把 地址 写在 本子 上 了，以后 常常 写 信。
　　Wǒmen bǎ dìzhǐ xiězài běnzi shàng le, yǐhòu chángcháng xiě xìn.
　　（私たちは住所をノートに書いておきましたから、今後いつでも手紙をください。）

E：我 想 你们 还是 有 机会 来 的。
　　Wǒ xiǎng nǐmen háishi yǒu jīhuì lái de.
　　（あなたたちが来られる機会がまだあると思います。）

A：要是 来 北京，一定 来 看 你们。
Yàoshi lái Běijīng, yídìng lái kàn nǐmen.
（北京に来たら、きっと皆さんに会いに来ます。）

C：让 我们 一起 照 张 相 吧！
Ràng wǒmen yìqǐ zhào zhāng xiàng ba!
（一緒に写真を撮りましょう。）

D：好，多 照 几 张，留作 纪念。
Hǎo, duō zhào jǐ zhāng, liúzuò jìniàn.
（はい、記念写真をたくさん撮りましょう。）

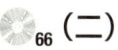

(二)

D：参加 欢送会 的 人 真 多。
Cānjiā huānsònghuì de rén zhēn duō.
（送別会の出席者はほんとうに多いですね。）

E：除了 去 实习 的 以外，都 来 了。
Chúle qù shíxí de yǐwài, dōu lái le.
（実習に行った人以外はみんな来ました。）

A：开始 演 节目 了。
Kāishǐ yǎn jiémù le.
（出し物を始めましょう。）

C：安娜，你 用 汉语 唱 个 歌 吧。
Ānnà, nǐ yòng Hànyǔ chàng ge gē ba.
（アンナさん、中国語で歌を歌って下さい。）

D：我 唱完，就 该 你们 了。
　　Wǒ chàngwán, jiù gāi nǐmen le.
　　（私が歌い終ったら、あなたたちの番ですよ。）

B：各 班 的 节目 很 多，很 精彩。
　　Gè bān de jiémù hěn duō, hěn jīngcǎi.
　　（それぞれクラスの出し物は多彩でとてもすばらしい。）

A：同学 和 老师 这么 热情 的 欢送 我们，真 不
　　Tóngxué hé lǎoshī zhème rèqíng de huānsòng wǒmen, zhēn bù
　　知道 说 什么 好。
　　zhīdao shuō shénme hǎo.
　　（同級生と先生にこのように心から私たちを歓送していただき、何と言ってよいかわかりません。）

E：祝贺 你们 取得了 好 成绩。
　　Zhùhè nǐmen qǔdéle hǎo chéngjì.
　　（皆さんがよい成績を収められたことにお祝いを申し上げます。）

B：祝 你们 更 快 地 提高 中文 水平。
　　Zhù nǐmen gèng kuài de tígāo Zhōngwén shuǐpíng.
　　（皆さんの中国語のレベルがさらに早く上がるようにお祈りいたします。）

ポイント

1．越来越

"**越来越**…"という構文は時間の推移にしたがって、ある状態がたえず発展・変化するという意味を表す。

1．雨**越来越**大了。　　（雨はますます激しくなった。）
2．生活**越来越**好了。　（生活はますますよくなってきた。）

2．舍不得

"**舍不得**"は動詞で、後に名詞あるいは動詞を目的語にとり「なごりおしい」「はなれがたい」という意味を表す。

1．我们**舍不得**孩子。　（私たちは子供を手離せない。）
2．我**舍不得**离开王老师。
　（私は王先生と別れるのがつらい。）

3．虽然…但是…

"**虽然**…**但是**…"は逆接関係を表す構文である。この複文は、前の文に"**虽然**"を用いて、ある事実や考えを述べて、後の文で"**但是**"を用いて相反することを述べる。

1．**虽然**下雪，**但是**天气不太冷。
　（雪が降っているが、それほど寒くない。）
2．大家**虽然**很累，**但是**都很愉快。
　（みんな疲れているが、とても楽しそうである。）

4．把

介詞"**把**"を用いた文は、ある事物に対してなんらかの処置を加え、その結果を説明する。この文は"**把**"で目的語を

動詞の前に出して状語とする。

 1．他**把**那本词典带来了。（彼はあの辞書を持って来た。）

 2．我**把**啤酒放进冰箱里了。
  （私はビールを冷蔵庫に入れた。）

5．还是

 副詞"**还是**"は、状況に変化なく、依然として以前と同じであることを表す。

 1．我的汉语**还是**很差。
  （私の中国語は相変らずだめです。）

 2．他又讲了遍，我**还是**不明白。
  （彼はもう1度説明してくれたが、私はそれでも分かりません。）

6．该

 この能願動詞"**该**"は「…の番である」「…が当たるべきである」という意味を表す。

 1．**该**你了，你快去吧。
  （あなたの番ですよ。早く行きなさい。）

 2．今天**该**我值班了。
  （今日は私が当番に当っています。）

7．祝

 動詞"**祝**"は主述連語を目的語にとり、相手の良好な状態を願ったり、祈ったりする場合に用いられる。

練習問題

1．単語を入れ替えて、日本語に訳しなさい。

回国的日子越来越近了。

他的发音	好
旅游的人	多
北京的天气	暖和
他的技术水平	高

我们把地址写在本子上了。

字	写	黑板上
地图	挂	墙上
通知	贴	黑板左边
自行车	放	礼堂右边

2．次の（　）に適当な語句を選んで入れなさい。

1．她长得（　　）漂亮。
2．请你（　　）房间打扫一下。
3．（　　）没有风，但是很冷。
4．妈妈（　　）孩子出远门。
5．你的经验多,（　　）你来说吧。

（把　虽然　还是　舍不得　越来越）

語 釈

越来越	yuèláiyuè	ますます	
舍不得	[動] shěbude	離れがたい	
虽然	[接] suīrán	…ではあるけれども	
但是	[接] dànshì	しかし	
友谊	[名] yǒuyì	友情	
地址	[名] dìzhǐ	住所	
常常	[副] chángcháng	しょっちゅう	
还是	[副] háishi	依然として	
留作	[動] liúzuò	残して…とする	
纪念	[名] jìniàn	記念	
参加	[動] cānjiā	出席する	
欢送会	[名] huānsònghuì	送別会	
实习	[動] shíxí	実習する	
开始	[動] kāishǐ	始める	
节目	[名] jiémù	出し物	
该	[動] gāi	…の番になる	
班	[名] bān	クラス	
精彩	[形] jīngcǎi	すばらしい	
同学	[名] tóngxué	同級生	
热情	[形] rèqíng	心がこもっている	
祝贺	[動] zhùhè	祝う	
取得	[動] qǔdé	獲得する、取得する	
祝	[動] zhù	祈る	
提高	[動] tígāo	引き上げる	
水平	[名] shuǐpíng	レベル	
旅游	[動] lǚyóu	旅行する	
暖和	[形] nuǎnhuo	暖かい	
通知	[名] tōngzhī	知らせ	
左边	[名] zuǒbian	左側	
礼堂	[名] lǐtáng	講堂	
右边	[名] yòubian	右側	
打扫	[動] dǎsǎo	掃除する	
出远门	[動] chūyuǎnmén	遠出する	
经验	[名] jīngyàn	経験	

索 引

A

啊 a	144

B

把 bǎ	197
爸爸 bàba	33
吧 ba	72、121、175
班 bān	200
办 bàn	124
办公室 bàngōngshì	43
半路 bànlù	171
帮 bāng	124
报名 bàomíng	131
抱歉 bàoqiàn	171
本 běn	116
本子 běnzi	61
比 bǐ	158
比较 bǐjiào	178
笔 bǐ	124
遍 biàn	129
别 bié	91、142
别的 biéde	138
不 bù	36、41
不错 búcuò	98
不是 búshì	107
不太 bútài	70
不谢 búxiè	71
不用 búyòng	193
布置 bùzhì	186

C

才 cái	167
参观 cānguān	95
参加 cānjiā	200
差 chà	81
常 cháng	193
常常 chángcháng	200
长城 chángchéng	81
唱歌 chànggē	163
趁 chèn	191
称 chēng	138
吃饭 chīfàn	81
迟到 chídào	95
抽烟 chōuyān	146
出差 chūchāi	178
出发 chūfā	95
出去 chūqu	154
出远门 chūyuǎnmén	200
除了…以外 chúle…yǐwài	100
穿 chuān	124
词典 cídiǎn	61
次 cì	129
从 cóng	64

D

打扰 dǎrǎo	193
打扫 dǎsǎo	200
打算 dǎsuan	193
大概 dàgài	163
大家 dàjiā	131
大街 dàjiē	87
待 dāi	95
带 dài	95
大夫 dàifu	55
当然 dāngrán	92
到 dào	75、154
德语 Déyǔ	67
的 de	58
得 de	65
得 děi	143
等 děng	171
弟弟 dìdi	49
地方 dìfang	131
地址 dìzhǐ	200
第一次 dìyícì	131
点 diǎn	81
点儿 diǎnr	134
电话 diànhuà	178
电视 diànshì	109
电影院 diànyǐngyuàn	171
冬天 dōngtiān	163
懂 dǒng	67
都 dōu	33
对（介）duì	143
对（形）duì	67
对不起 duìbuqǐ	171
多 duō	99、135、150
多了 duōle	134
多少 duōshao	75、113

E

二 èr	114

F

发音 fāyīn	102
法国 Fǎguó	49
法语 Fǎyǔ	67
饭店 fàndiàn	87
方便 fāngbiàn	186
房间 fángjiān	61
访问 fǎngwèn	95

G

该 gāi	90、198
干净 gānjìng	186
感冒 gǎnmào	138
刚 gāng	186
刚才 gāngcái	178
钢笔 gāngbǐ	171
高兴 gāoxìng	49
告别 gàobié	193
告诉 gàosu	75

哥哥 gēge	116
给 gěi	175
跟 gēn	131
跟（…一起）gēn(…yìqǐ)	151
跟…一样 gēn…yíyàng	159
工厂 gōngchǎng	95
工作 gōngzuò	55
公司 gōngsī	38
公园 gōngyuán	87
够 gòu	193
拐 guǎi	75
拐弯 guǎiwān	75
国家 guójiā	67
过意不去 guòyìbúqù	193
过 guò	128、150

H

还 hái	102
还可以 háikěyǐ	175
还是 háishi	92、198
孩子 háizi	116
汉日词典 Hàn-Rìcídiǎn	61
汉语 Hànyǔ	67
好 hǎo	33、167
好吗 hǎoma	78
好听 hǎotīng	163
好像 hǎoxiàng	163
好用 hǎoyòng	186
号 hào	109
号码 hàomǎ	178

喝 hē	138
很 hěn	33
糊涂 hútu	95
划 huá	154
滑冰 huábīng	163
滑雪 huáxuě	163
欢送会 huānsònghuì	200
欢迎 huānyíng	33
还 huán	124
画儿 huàr	186
回家 huíjiā	43
会 huì	64
活动 huódòng	95
火车站 huǒchēzhàn	75

J

机场 jīchǎng	75
鸡蛋 jīdàn	138
集合 jíhé	95
极了 jíle	182
几 jǐ	113
寄 jì	178
纪念 jìniàn	200
技术 jìshù	146
继续 jìxù	193
见 jiàn	43
饺子 jiǎozi	131
叫 jiào	46、154
节 jié	102
节目 jiémù	200

姐姐 jiějie	49
借 jiè	61
介绍 jièshào	55
今天 jīntiān	109
斤 jīn	138
进 jìn	171
精彩 jīngcǎi	200
经验 jīngyàn	200
久 jiǔ	171
就 jiù	71、85
就是 jiùshì	85、134
橘子 júzi	138
觉得 juéde	102

K

开始 kāishǐ	200
看 kàn	90、109
考试 kǎoshì	154
咳嗽 késou	146
可能 kěnéng	168
可是 kěshì	121
可以 kěyǐ	61、71
可以吗 kěyǐma	59
课本 kèběn	61
客气 kèqi	193
空儿 kòngr	193
快 kuài	146
快（…了）kuài(…le)	90
困难 kùnnan	178

L

来晚 láiwǎn	171
劳驾 láojià	73
老师 lǎoshī	38
了（動態助詞）le	92
了（語气助詞）le	113、176
累 lèi	178
冷 lěng	163
离开 líkāi	193
礼堂 lǐtáng	200
历史 lìshǐ	102
练习 liànxí	124
两 liǎng	114
聊天 liáotiān	163
零下 língxià	163
留作 liúzuò	200
楼 lóu	87
路 lù	163
旅游 lǚyóu	200

M

妈妈 māma	33
马虎 mǎhu	186
马上 mǎshàng	95
吗 ma	31
嘛 ma	98、183
买 mǎi	75
慢 màn	67
忙 máng	38

毛衣 máoyī	171	**P**	
没有 méiyǒu	116、120、128		
每天 měitiān	146	爬 pá	131
美国人 Měiguórén	49	拍照 pāizhào	95
妹妹 mèimei	49	旁边 pángbiān	85
面包 miànbāo	138	朋友 péngyou	43
面条 miàntiáo	138	啤酒 píjiǔ	138
明天 míngtiān	43	票 piào	75
名字 míngzi	116	漂亮 piàoliang	186
		苹果 píngguǒ	138

N

Q

拿 ná	95	骑 qí	124
哪 nǎ	61	气温 qìwēn	163
哪儿 nǎr	38、182	铅笔 qiānbǐ	61
哪个 nǎge	64	前边 qiánbian	85
哪里 nǎli	98	前面 qiánmian	75
那 nà	61、129	钱 qián	75
那么 nàme	129	巧 qiǎo	186
难 nán	102	请 qǐng	67
呢 ne	41、128	取得 qǔdé	200
能 néng	100	去 qù	38
你 nǐ	33		
年纪 niánjì	116	**R**	
您 nín	38		
牛奶 niúnǎi	138	让 ràng	167
农民 nóngmín	95	热 rè	163
暖和 nuǎnhuo	200	热情 rèqíng	200
		认识 rènshi	49
		日语 Rìyǔ	67

日子 rìzi	193
容易 róngyì	124

S

商店 shāngdiàn	43
上车 shàngchē	75
上个月 shànggeyuè	178
上课 shàngkè	81
上午 shàngwǔ	109
舍不得 shěbude	197
什么 shénme	53
生日 shēngri	109
实习 shíxí	200
十字路口 shízìlùkǒu	75
是 shì	46、107
是…的 shì…de	99、184
试 shì	146
瘦 shòu	178
书 shū	61
书包 shūbāo	61
书店 shūdiàn	116
舒服 shūfu	146
谁 shuí	61
水果 shuǐguǒ	138
水平 shuǐpíng	67
睡觉 shuìjiào	146
说 shuō	67
说好 shuōhǎo	171
送 sòng	193
宿舍 sùshè	81
虽然…可是… suīrán…kěshì…	121
虽然…但是… suīrán…dànshì…	197
岁 suì	116

T

她 tā	55
他们 tāmen	33
太（…了）tài(…le)	79
谈话 tánhuà	193
提高 tígāo	200
天气 tiānqì	154
条 tiáo	163
跳舞 tiàowǔ	186
听 tīng	124
通知 tōngzhī	200
同学 tóngxué	200
图书馆 túshūguǎn	124
退休 tuìxiū	116

W

玩儿 wánr	131
往 wǎng	70
忘 wàng	95
忘记 wàngjì	95
为什么 wèishénme	120
胃口 wèikǒu	138
位 wèi	53

问 wèn	178		熊猫 xióngmāo	154
我 wǒ	33		修 xiū	171
乌龙茶 wūlóngchá	138			
舞会 wǔhuì	186			

X

Y

习惯 xíguàn	146		研究生 yánjiūshēng	193
喜欢 xǐhuan	163		颜色 yánsè	186
下 xià	129		样子 yàngzi	186
下个月 xiàgeyuè	154		要（能願動詞）yào	72、190
下午 xiàwǔ	154		要（動詞）yào	124
下星期六 xiàxīngqīliù	131		要是…就… yàoshi…jiù…	184
下雪 xiàxuě	163		药 yào	146
下雨 xiàyǔ	163		也 yě	64
夏天 xiàtiān	163		一边…一边 yìbiān…yìbiān…	191
先生 xiānsheng	67		一点儿 yìdiǎnr	65
现在 xiànzài	81		一会儿 yíhuìr	124
香蕉 xiāngjiāo	138		一起 yìqǐ	131
向 xiàng	71		一下 yíxià	52
小姐 xiǎojiě	55		一些 yìxiē	138
写 xiě	109		衣服 yīfu	163
谢谢 xièxie	31		衣柜 yīguì	186
辛苦 xīnkǔ	193		已经 yǐjing	116
信 xìn	109		因为 yīnwei	190
星期 xīngqī	102		音乐 yīnyuè	102
星期六 xīngqīliù	109		应该 yīnggāi	90、131
星期四 xīngqīsì	109		用 yòng	61
星期天 xīngqītiān	109		邮局 yóujú	87
行吗 xíngma	169		邮票 yóupiào	186
姓 xìng	49		有 yǒu	59、112、183
			有的…有的… yǒude…yǒude…	

207

·················· 191	这个月 zhègeyuè ········· 154
有（一）点儿 yǒu(yì)diǎnr ··· 142	这样 zhèyàng ············ 124
有时候 yǒushíhou ·········· 159	着 zhe ················· 91
有些 yǒuxiē ············· 178	真 zhēn ················ 95
有意思 yǒuyìsi ············ 171	知道 zhīdao ············· 87
友谊 yǒuyì ·············· 200	指教 zhǐjiào ············· 67
友谊商店 yǒuyì shāngdiàn ··· 95	中国菜 zhōngguócài ········ 131
又……又…… yòu…yòu… ········ 183	种 zhǒng ················ 61
右边 yòubian ············· 200	祝 zhù ················ 198
语法 yǔfǎ ··············· 102	祝贺 zhùhè ·············· 200
预报 yùbào ·············· 163	准备 zhǔnbèi ············· 193
圆珠笔 yuánzhūbǐ ·········· 124	桌子 zhuōzi ·············· 61
远 yuǎn ················ 75	自行车 zìxíngchē ··········· 171
约 yuē ·················· 171	走 zǒu ·················· 75
越来越 yuèláiyuè ··········· 197	组织 zǔzhī ··············· 131
	昨天 zuótiān ············· 109
Z	左边 zuǒbian ············· 200
	做 zuò ················· 55
杂志 zázhì ············· 178	坐 zuò ················· 75
在 zài ··········· 58、99、182	
再 zài ················ 135	
再见 zàijiàn ············· 41	
早 zǎo ················ 38	
早上 zǎoshang ············ 38	
怎么 zěnme ········70、120、168	
怎么（了）zěnme(le) ········· 146	
怎么样 zěnmeyàng ·········· 129	
找 zhǎo ················ 124	
照顾 zhàogù ············· 193	
照相机 zhàoxiàngjī ········· 95	
这 zhè ················· 61	

練習問題解答例

第1課

1. 彼は元気ですか。
   彼女は元気ですか。
   君たちは元気ですか。
   彼らは元気ですか。

   彼を歓迎します。
   彼女を歓迎します。
   彼らを歓迎します。

2. 1．你好！
   2．欢迎你！
   3．谢谢！
   4．你好吗？
   5．我很好。

第2課

1. 私たちはとても忙しい。
   彼らはとても忙しい。
   私の父はとても忙しい。
   彼のお母さんはとても忙しい。

   私は会社へ行きます。
   私は北京へ行きます。
   私は上海へ行きます。

私は香港へ行きます。

2．1．你早。
　　2．你忙吗？
　　3．我很忙。
　　4．你去哪儿？
　　5．我去学校。

第3課

1．私は家に帰りますが、あなたはどうしますか。
　私は学校へ行きますが、あなたはどうしますか。
　私は事務所へ行きますが、あなたはどうしますか。

　私は李紅さんの家に行きます。
　私は山本さんの家に行きます。
　私は兄の家に行きます。

2．1．再见！
　　2．我回家。
　　3．我去商店。
　　4．明天见！
　　5．我去朋友家。

第4課

1．姓は周で、周志公といいます。
　姓は王で、王京といいます。

　私は日本人です。

私は中国人です。
　　私はイギリス人です。
　　私はフランス人です。

２．１．他是我朋友。
　　２．我是美国人。
　　３．我叫周志公。
　　４．您贵姓？
　　５．认识你，很高兴。

第5課

１．こちらは宋先生です。
　　こちらは山本君です。
　　こちらは王京さんです。
　　こちらは李紅さんです。

　　私は学生ではなく、教師です。
　　私は教師ではなく、医者です。
　　私は留学生ではなく、教師です。
　　私は日本人ではなく、中国人です。

２．１．我介绍一下。
　　２．我是留学生。
　　３．她是宋老师。
　　４．这位是安娜小姐。
　　５．你做什么工作？

第6課

1．これは誰の鉛筆ですか。
　　これは誰の辞書ですか。
　　これは誰の本ですか。
　　これは誰のテキストですか。

　　私の鉛筆は部屋にあります。
　　私の鉛筆は教室にあります。
　　私の鉛筆は机の上にあります。
　　私の鉛筆はカバンの中にあります。

2．1．这是谁的铅笔？
　　2．那是你的本子吗？
　　3．不是，是他的。
　　4．借我用一下，可以吗？
　　5．我的铅笔在房间里。

第7課

1．私は北京から来ました。
　　私は上海から来ました。
　　私はアメリカから来ました。
　　私はイギリスから来ました。

　　あなたは中国語ができますか。
　　あなたは日本語ができますか。
　　あなたはフランス語ができますか。
　　あなたはドイツ語ができますか。

2．1．我从大阪来。
   2．这位先生也是美国人吗？
   3．你会说汉语吗？
   4．我说得不太好。
   5．请慢一点儿说。

第8課

1．すみません、教室へ行くにはどう行けばいいですか。
   すみません、空港へ行くにはどう行けばいいですか。
   すみません、あなたの家へ行くにはどう行けばいいですか。
   すみません、駅へ行くにはどう行けばいいですか。

   真っ直ぐ行って下さい。
   後の方へ行って下さい。
   北の方へ行って下さい。
   右の方へ行って下さい。

2．1．十分钟就可以到。
   2．已经到火车站了。
   3．要买多少钱的票？
   4．去火车站怎么走？
   5．到站的时候，请告诉我一声。

第9課

1．今、2時20分です。
   今、4時半です。
   今、6時15分です。
   今、9時5分前です。

あなたはいつ食堂へ行きますか。
あなたはいつ上海へ行きますか。
あなたはいつ寮へ来ますか。
あなたはいつ日本へ来ますか。

2．1．现在5点35分。
　　2．我去吃饭。
　　3．我也七点半起床。
　　4．明天去长城，好吗？
　　5．现在你去教室吗？

第10課

1．すみません、北京大学はどこにありますか。
　　すみません、中国銀行はどこにありますか。
　　すみません、北京飯店はどこにありますか。
　　すみません、君たちの学校はどこにありますか。

商店のそばにありますか。
会社のそばにありますか。
学校のそばにありますか。
公園のそばにありますか。

2．1．在王府井大街。
　　2．你看，那座楼就是。
　　3．不太远。
　　4．我知道了。谢谢。
　　5．请问，北京饭店在哪儿？

第11課

1. 工場へ見学に行きます。
   学校へ見学に行きます。
   博物館へ見学に行きます。
   友誼商店へ見学に行きます。

   私は鉛筆を取りに行ってすぐに来ます。
   私は辞書を取りに行ってすぐに来ます。
   私はノートを取りに行ってすぐに来ます。
   私はカバンを取りに行ってすぐに来ます。

2. 1．你该休息了。
   2．现在快九点了。
   3．你看怎么办好？
   4．昨天我买了一本书。
   5．你吃米饭还是吃饺子？

第12課

1. あなたはどれくらいの時間見ましたか。
   あなたはどれくらいの時間書きましたか。
   あなたはどれくらい住んでいますか。
   あなたはどれくらい働いていますか。

   私たちはさらに中国の歴史を勉強しています。
   私たちはさらに中国の文法を勉強しています。
   私たちはさらに中国の音楽を勉強しています。
   私たちはさらに中国医学を勉強しています。

2．1．这件毛衣不错。
2．你说得很对嘛。
3．这个困难能克服。
4．她是上午打电话来的。
5．我每天工作十多个小时。

第13課

1．昨日は何日でしたか。
明日は何日ですか。
今週の土曜日は何日ですか。
来週の日曜日は何日ですか。

私たちは午後に彼の家へ行きませんか。
私たちは夕方テレビを見ませんか。
私たちは明日買物に行きませんか。
私たちは日曜日音楽を聞きませんか。

2．1．他最近很忙。
2．今天不是星期四。
3．这本词典十五块。
4．星期六你有课吗？
5．我爸爸在大学工作。

第14課

1．お尋ねしますが、子供は何人いますか。
お尋ねしますが、お名前は何といいますか。
お尋ねしますが、あなたはどちらにお住まいですか。
お尋ねしますが、复旦大学はどこにありますか。

彼女はすでに結婚しています。
彼女はすでに中国へ来ています。
彼女はすでに私を知っています。
彼女はすでに中国語が話せます。

2．1．你妹妹今年多大？
 2．桌子上有四个本子。
 3．你有几个中国朋友？
 4．我们现在都有词典了。
 5．我昨天在书店买了两本书。

第15課

1．私に見せてくれませんか。
私に聞かせてくれませんか。
私に乗せてくれませんか。
私に着せてくれませんか。

私は作ってあげましょう。
私はさがしてあげましょう。
私は買ってあげましょう。
私は書いてあげましょう。

2．1．你们早点儿去吧。
 2．请来我家坐坐。
 3．他还没有从中国回来。
 4．那件事我请人办了。
 5．你怎么说这样的话呢？

第16課

1. あなたは上海へ行ったことがありますか。
   あなたは餃子を食べたことがありますか。
   あなたは中国の小説を読んだことがありますか。
   あなたは中国のお茶を飲んだことがありますか。

   彼はまだ故宮へ行ったことがありません。
   彼女はまだ西安へ行ったことがありません。
   先生はまだ杭州へ行ったことがありません。
   兄さんはまだ香港へ行ったことがありません。

2. 1. 我看过这本书。
   2. 他还没有起床呢。
   3. 你应该去旅行一次。
   4. 今天晚上你写信了没有？
   5. 以前没有发生过这样的问题。

第17課

1. 私は昨日少し牛乳と卵を買いました。
   私は昨日少しパンとうどんを買いました。
   私は昨日少しミカンとバナナを買いました。
   私は昨日少しビールとウーロン茶を買いました。

   全部で5元9毛6分です。
   全部で10元1毛5分です。
   全部で12元3毛7分です。
   全部で20元4毛2分です。

2．1．他有点儿感冒了。
　　2．我喝了一些茶。
　　3．苹果多少钱一斤？
　　4．你想买什么水果？
　　5．你的胃口怎么样？

第18課

1．君はお酒を飲むのをやめなさい。
　君はそこに行ってはいけない。
　君は話しをやめなさい。
　君は自転車を飛ばしてはいけない。

　君は字を書くのがとても遅い。
　君は寝るのがとてもおそい。
　君は起きるのがとても早い。
　君は中国語を話すのがとてもはやい。

2．1．今天有点儿热。
　　2．我想骑车去公园。
　　3．我对谁都没意见。
　　4．前边开来了一辆汽车。
　　5．中国朋友到我们宿舍来了。

第19課

1．この2、3日、私は用事がない。
　この2、3日、彼はとても忙しい。
　この2、3日のうちに彼らは試験がある。
　この2、3日、王君は体調が悪い。

彼は今日着きますか、それとも明日着きますか。
彼は今週中に着きますか、それとも来週中に着きますか。
彼は朝着きますか、それとも夕方着きますか。
彼はこの月に着きますか、それとも来月に着きますか。

2．1．我们一起工作了五年。
　　2．你要的东西我没买来。
　　3．我去北京大学看朋友。
　　4．我想星期天去上海。
　　5．你今年回国还是明年回国？

第20課

1．弟は私よりも背が高い。
　この本はあの本よりも古い。
　この服はあれよりも大きい。
　北京の冬は東京よりも寒い。

　ここはあそこよりもずっと涼しい。
　この道はあの道よりもずっと遠い。
　この本はあの本よりもずっと難しい。
　この歌はあの歌よりもずっとすばらしい。

2．1．我比他大两岁。
　　2．有时候我跟他聊聊天儿。
　　3．他唱歌唱得比我好。
　　4．弟弟跟我一样也是学生。
　　5．今天他好像不太高兴。

第21課

1. 私たちは早く家に帰りましょう。
   私たちは早く教室に入りましょう。
   私たちは早く食堂に入りましょう。
   私たちは早く学校へ帰りましょう。

   日曜日私はセーターを買いました。
   日曜日私は自転車を買いました。
   日曜日私はカメラを買いました。
   日曜日私は万年筆を買いました。

2. 1. オ　 2. 好　 3. 可能　 4. 让　 5. 进

第22課

1. いくつかの品物は私は買いません。
   いくつかの文法は私は分かりません。
   いくつかの漢字は私は知りません。
   いくつかの雑誌は私は読みません。

   私は食事をしに行きました。
   私は電話をかけに行きました。
   私は買物に行きました。
   私は音楽を聞きに行きました。

2. 1. 了　 2. 有些　 3. 吧　 4. 给　 5. 还可以

第23課

1. 君のペンは使いやすくて安い。

君の自転車は美しくて乗りやすい。
君の中国語の本はやさしくて面白い。
君の記念切手は多くてすばらしい。

この料理は買ったのではなく、私が自分で作ったのです。
この絵は買ったのではなく、友達が描いたのです。
この自転車は買ったのではなく、兄に借りたのです。

2．1．快　　2．极了　　3．嘛　　4．又　　5．要是

第24課

1．私が起きてすでに15分たちました。
　　王君が日本に行ってもう３ヶ月がたった。
　　彼が北京を離れてもう２年たちました。

　　タバコを吸いながら話をしている。
　　ダンスをしながら歌っている。
　　散歩をしながら雑談をしている。
　　お茶を飲みながら音楽を聞いている。

2．1．要　　2．向　　3．来　　4．不用　　5．因为

第25課

1．彼の発音はますますよくなった。
　　旅行者はますます多くなった。
　　北京の気候はますます暖かくなった。
　　彼の技術のレベルはますます高くなった。

私たちは字を黒板に書いた。
　　私たちは地図を壁に掛けた。
　　私たちはお知らせを黒板の左側にはった。
　　私たちは自転車を講堂の右側に置いた。

2．1．越来越　　2．把　　3．虽然　　4．舍不得
　　5．还是

著者略歴

大内田三郎（おおうちだ・さぶろう）
大阪市立大学名誉教授　文学博士
北京外国語大学客員教授
1934年鹿児島県生まれ
大阪市立大学大学院博士課程修了
中国語学・中国文学専攻

著書
「中国語の基礎」（共著．光生館）
「新中国語入門」（共著．駿河台出版社）
「中国児童読物選」（白帝社）
「中国童話読物選」（駿河台出版社）
「基本表現中国語作文」（駿河台出版社）
「現代中国語」（共著．駿河台出版社）
「困った時の中国語」（共著．駿河台出版社）
「中級読物・中国歴史物語〈新訂版〉」（駿河台出版社）
「チィエンタン中国語20課」（駿河台出版社）
「基礎からよくわかる中国語文法参考書」（駿河台出版社）
「基本文型150で覚える中国語」（駿河台出版社）
「初歩から始める中国語」（駿河台出版社）

日常会話で学ぶ中国語

2004.7.30　初版第1刷発行

発行者　井　田　洋　二

発行所　　株式会社　駿河台出版社

〒101-0062　東京都千代田区神田駿河台3丁目7番地
電話　東京03（3291）1676（代）番
振替　00190-3-56669番　FAX 03（3291）1675番
E-mail：edit@e-surugadai.com
URL：http://www.e-surugadai.com

電算写植　㈱フォレスト

ISBN4-411-03008-X　C1087　¥2300